Emily Walton

Straßburg abseits der Pfade

EMILY WALTON

Straßburg
ABSEITS DER PFADE

Eine etwas andere Reise durch
die Hauptstadt des Elsass

braumüller

Bibliografische Information der Deutschen Nationalbibliothek
Die Deutsche Nationalbibliothek verzeichnet diese Publikation in der
Deutschen Nationalbibliografie – detaillierte bibliografische Daten
sind im Internet über http://dnb.d-nb.de abrufbar.

Printed in Austria

Alle Rechte, insbesondere das Recht der Vervielfältigung und Verbreitung
sowie der Übersetzung, vorbehalten. Kein Teil des Werkes darf in irgend-
einer Form (durch Fotokopie, Mikrofilm oder ein anderes Verfahren) ohne
schriftliche Genehmigung des Verlages reproduziert oder unter Verwendung elektronischer Systeme gespeichert, verarbeitet, vervielfältigt oder
verbreitet werden.

1. Auflage 2015
© 2015 by Braumüller GmbH
Servitengasse 5, A-1090 Wien
www.braumueller.at

Fotos: © Emily Walton
Andere Bezugsquellen:
 S. 55, 70: © Hélène Hilaire – Agence JouinManku; S. 89: genevieveboutry.fr
Coverfoto: © Markus Trienke | flickr.com (CC BY-SA 2.0)
Karten S. 6–7: wikicommons | basierend auf: © Rudloff.
Carte des quartiers de Strasbourg (CC BY-SA 3.0)

Druck: Druckerei Theiss GmbH, A-9431 St. Stefan im Lavanttal
ISBN 978-3-99100-140-9

Inhalt

Erste Annäherung 8

Zum Lust-Bekommen 13

Waschen, zeichnen und Zigarren rollen:
Ein Streifzug durch die Krutenau 27

Die Stadt in der Stadt:
Rund um das historische Spital 53

Ein Abstecher zum Münster.
Sehen, was die anderen nicht sehen 73

Versteckte Perlen im Bahnhofsviertel 95

Ein Spaziergang durch das Quartier Allemand 119

Neben dem EU-Parlament ist immer Frühling 141

Mit dem Rad nach Robertsau 163

Von Frankreich nach Deutschland:
Ein Besuch in Kehl 183

Straßburg auf einen Blick

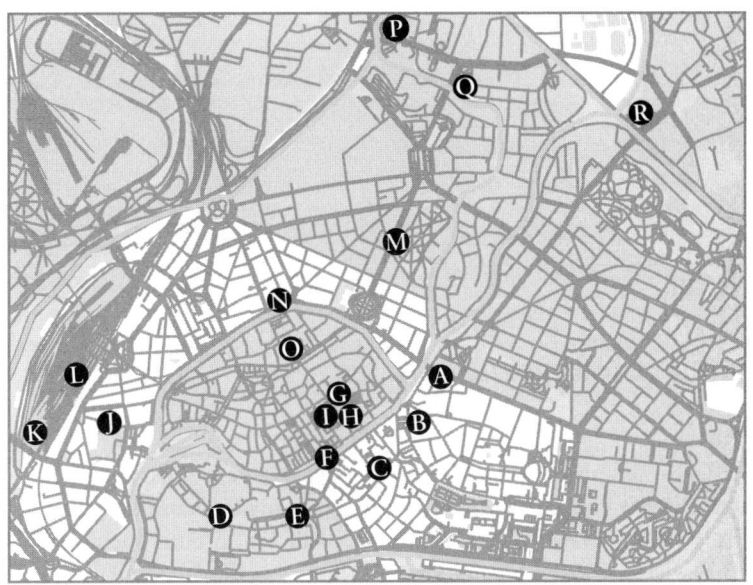

Route: Krutenau

A *Bains Municipaux*
B *St. Guillaume*
C *Restaurant Coccinelle*

Route: Spital

D *La Brasserie Les Haras*
E *Cave Historique des Hospices de Strasbourg*
F *Pont du Corbeau*

Route: Münster

G *Gruft der Zukunft*
H *Ungerer-Sammlung im Musée des Arts Décoratifs*
I *Münsterbauhütte*

Route: Bahnhof

J *Ste. Aurélie*
K *Voodoo-Museum im Wasserturm*
L *Des Kaisers Warteräume, Bahnhof Straßburg*

Route: Quartier Allemand

M *Synagoge de la Paix*
N *Justizpalast*
O *Dernières Nouvelles d'Alsace*

Route: EU

P *Villa Herrenschmidt*
Q *S' Wacke Hiesel*
R *Berliner Mauer in Straßburg*

Route: Robertsau

S *Cité Spach*
T *Hommage an Lydia*
U *Schloss Pourtalès*

Route: Kehl

V *Passerelle des Deux Rives*
W *Kehl Bahnhof*
X *Weißtannenturm*

Erste Annäherung

Ich erinnere mich gut an meinen ersten Besuch in Straßburg vor einigen Jahren: Wenn ich die Augen schließe, kann ich den Teig meiner ersten Brezel schmecken, die ich in einer kleinen Bäckerei am Place Kléber kaufte. Kann das Geräusch hören, das die zwei bunten Kougelhopf-Formen machten, als sie in meiner Tragetasche aneinanderschlugen. Ich hatte sie in einer Töpferei hinter dem Place de la Cathédrale gekauft. Kann noch spüren, wie meine Oberschenkelmuskeln zuckten, nachdem ich über 300 Stufen hinauf auf den Münsterturm gestiegen war.

Bereits damals stellte ich fest: Straßburg ist verführerisch, ansprechend und überschaubar. Wenn man sich ausschließlich in der Touristenzone aufhält, kann Straßburg auch recht kitschig sein. Das ist in Ordnung so. Niemand möchte auf seinem Städtetrip in einer charakterlosen, uncharmanten Betonwüste landen.

Ich mochte Straßburg auf Anhieb. Der Beweis dafür ist, dass ich kurz nach diesem ersten Besuch den nächsten plante. Viele weitere folgten. Nachdem ich einige Male Hotels in der Stadt gebucht hatte, wurde mir klar: In Straßburg funktioniert die Hotellerie nicht so wie in anderen Städten. Mal sind die Preise mit anderen beliebten europäischen Destinationen vergleichbar. Mal sind sie aber horrend hoch. Mehr als einmal habe ich Hotelrezeptionisten mit meinem Nachhaken geplagt, in der Hoffnung, sie hätten nur einen Fehler gemacht, den Preis falsch übersetzt.

Inzwischen weiß ich: Wenn die Hotels das Dreifache des üblichen Preises kosten, dann liegt es vermutlich daran, dass gerade Parlamentswoche ist. Einmal im Monat tagen die 751 EU-Abgeordneten in Straßburg statt in Brüssel. Für den Tross aus Politikern, Mitarbeitern, Journalisten und Kisten gefüllt mit Unterlagen wird sogar ein eigener Zug gemietet. Die begehrten Hotels sind lange im Voraus ausgebucht. Vier Tage lang bevölkern die Eurokraten die Stadt: Die Restaurants sind voller, die Zahl der Anzugträger ist höher. Nach der Abreise der Parlamentarier (immer donnerstags) fallen die Hotelpreise auf ein normales Niveau. Damit ist Straßburg als Wochenendziel bestens geeignet.

Um ein erstes Gefühl für die Stadt zu bekommen, reichen zwei, drei Tage. Aber wie gesagt, das reicht nur, um zu „schnuppern" und um die touristischen Sehenswürdigkeiten abzudecken. Nimmt man sich Straßburg mitten in der Hochsaison vor (vor Weihnachten während des Christkindlmarkts sowie in den Sommermonaten), so wird man nach 72 Stunden vermutlich auch genug von der UNESCO gelisteten *Grande-Île* haben. Ein Spaziergang durch das verwinkelte, idyllische *Petite France* kann an einem heißen Tag Nerven kosten: Ständiges Stop-and-Go beeinträchtigt das Gehen: Entweder man hält an, um nicht vor eine Kamera zu laufen, oder wird angehalten, um eine Gruppe aufgeregter Touristen zu fotografieren.

Die Sehnsucht nach Luft, Raum und günstigeren Hotelpreisen führte dazu, dass ich mich auf die Suche nach dem authentischen, modernen und interkulturell geprägten Straßburg machte. Mal buchte ich ein Hotel im Wohnviertel *Montagne Verte*, mal im Gewerbegebiet *La Meinau*, ein anderes Mal ein *Chambre d'Hôtes*, eine Frühstückspension, in der Randlage Robertsau. Dort also, wo sich der Alltag abspielt. Wo man bepackten Kindern begegnet, die zum Baggersee fahren, und müden Büroangestellten, die in der Tram von ihrem Lieblingsfußballclub, etwa dem deutschen *FC Kaiserslautern*, schwärmen. (Kaiserslautern liegt keine zwei Autostunden entfernt.) Ich traf die „normalen" Straßburger, die nicht jeden Tag Sauerkraut und Schweinefleisch essen und nicht die Zeit haben, jede Woche Kougelhopf zu backen. Die meisten von ihnen wissen weder, wann die Kathedrale nachts beleuchtet wird, noch, wann die Museen geöffnet sind. Auch nicht, ob gerade Parlamentswoche ist.

Ob es notwendig ist, dass das EU-Parlament seinen Sitz in Straßburg hat und einmal im Monat eine Pendlerwelle von Brüssel gen Süden rollt, darüber kann sich jeder selbst eine Meinung bilden. Fakt ist, dass die Ansiedlung auch dazu beigetragen hat, dass sich die Stadt deutlich größer anfühlt, als andere mit gut 270.000 Einwohnern. Das mag auch daran liegen, dass viele Deutsche, die auf der anderen Seite der Grenze wohnen, nur wenige Autominuten entfernt, in die Hauptstadt des Elsass kommen – für ein Konzert, ein Abendessen, einen Stadtbummel. Lebendigkeit bringen auch die rund 45.000 Studenten, die hier forschen, lernen und ganz nebenbei der Stadt einen modernen Anstrich geben, z. B. mit Lesebühnen, Impro-Theater und Pop-up-Märkten. Zugegeben, in einem recht kleinen Umfang: Straßburg ist nicht so trendy wie London, nicht so hip wie Berlin und nicht so nachtaktiv wie Barcelona. „Lieblich" kommt einem eher in den Sinn, sinniert man bei einem Glas Wein hinter karierten Vorhängen in einer Winstub. Wer allerdings die versteckten Seiten, das wahre Straßburg, entdeckt, wird sehen, dass diese Stadt lebenswert, leistbar und überhaupt nicht langweilig ist.

Straßburg hat mehr zu bieten als die typischen Fachwerkhäuser.

Zum Lust-Bekommen

Was gibt es zu sehen?

Nehmen Sie Zettel und Stift zur Hand und machen Sie ein kurzes Brainstorming. Was fällt Ihnen zu Straßburg ein? Fachwerkhäuser, Kathedrale, Brezeln, Wein, Touristenmassen, Kougelhopf-Formen, vielleicht auch Störche?

Es ist höchst unwahrscheinlich, dass auf Ihrem Zettel „Jugendstil-Schwimmbad", „Schrebergartenkunst", „ehemaliges Nationalgestüt" oder „historische Geburtenzangen-Sammlung" stehen. (Und wenn, dann haben Sie vermutlich geschummelt – und das Buch schon gelesen!)

Straßburg ist eine Stadt der verborgenen Schätze, die zum Glück verborgen bleiben, weil der Großteil der Besucher auf die Top-Sehenswürdigkeiten fokussiert ist: auf die beinahe 1.000 Jahre alte Kathedrale, auf das mittelalterliche *Maison Kammerzell*, das verwinkelte und daher immer überfüllte Viertel *Petite France*, die Gedeckten Brücken *Ponts Couverts* und im Winter auf den Christkindlmarkt. Während die Touristentrauben sich durch enge Gassen schieben, ist ein Spaziergang jenseits der Grande-Île inspirierend, befreiend – und erholsam. Nicht nur einmal bin ich, sogar in der Hochsaison, ganz alleine durch eine Gasse geschlendert. Und das nur einige Hundert Meter Luftlinie von der Kathedrale entfernt.

„Hommage an Lydia": Das Schrebergartenhaus aus Bronze ist ein Ort der Ruhe.

Die Reste der alten Stadtmauer in der Rue du Fossé des Orphelins musste ich bei meinem letzten Besuch nur mit einem knutschenden Teenagerpärchen teilen, das alte Kriegstor im Bahnhofsviertel bestaunte ich bloß im Beisein einer Otterfamilie, und die kleine Bank vor dem Kunstwerk „Hommage an Lydia" im Stadtteil Robertsau hatte ich schon mehrmals nur für mich.

Obwohl man Straßburg mit mittelalterlichen Fachwerkhäusern in Verbindung bringt, hat die Stadt viel mehr zu bieten: Natur, Kunst und Architektur, die nichts mit den klassischen Holzbalken und kleinen Fenstern zu tun hat. Abseits der üblichen Pfade spaziert man vorbei an Gründerzeitvillen, gotischen Kirchtürmen, romanischen Arkadengängen und Palästen im neohellenistischen Stil. Es lohnt sich, mit dem Blick nach oben gerichtet durch die Straßen zu gehen. So wird man nicht nur wunderschöne Giebel und Zinnen sehen, sondern auch so manches versteckte Rokokofenster oder das verschmitzte Gesicht der einen oder anderen Steinfigur entdecken.

Unten auf dem Gehsteig ist Straßburg nicht weniger bunt. Als Sitz des Europäischen Parlaments und Zentrum des Elsass ist es ein Zuhause für verschiedene Nationalitäten und Religionsgruppen, die der Stadt ihren vielschichtigen Charakter verleihen: Spätestens nachdem man morgens in einer koscheren Bäckerei im Quartier Allemand Frühstück gekauft und nachmittags Opfergaben der westafrikanischen Voodoo-Glaubensgemeinschaft im einstigen Wasserturm bestaunt hat, wird man diese faszinierende Stadt zu schätzen wissen.

Einzigartig: das Voodoo-Museum in Straßburg

Wie entdecke ich die Stadt?

Um die Innenstadt, die Grande-Île, zu erkunden, haben Sie nur eine Möglichkeit: Sie müssen die engen Straßen rund um das Münster zu Fuß erkunden, denn Autos sind nur für Lieferungen zugelassen. Gut so, denn der majestätische Place Kléber oder der Place de la Cathédrale hätten fürwahr eine ganz andere Stimmung, würden hier ungeduldige Autofahrer hupen und den Motor aufheulen lassen.

Alles, was jenseits der Grande-Île liegt, ist mit der Tram zu erreichen. Mit dem Auto steht man höchstens im Stau, Busse fahren nur außerhalb des Zentrums. Zunächst waren die Trams in Straßburg für mich gewöhnungsbedürftig. Mit ihren großen Glasfenstern und den spitz zulaufenden Enden wirken sie futuristisch und anfangs schienen sie mir zu modern für diese mittelalterlich geprägte Stadt.

Inzwischen aber ist die Tram für mich zu einem Symbol für Straßburg geworden, zu einem Beweis, dass man hier die Vergangenheit mit der Gegenwart verbindet und sich für die Zukunft rüstet. Dies wird besonders ersichtlich am zentral gelegenen Place Broglie, wo die hypermoderne Tram an den historischen Gebäuden, etwa der Banque de France und dem Theater, vorbeizieht. Besser: vorbeigleitet. Lautes Rattern oder

Die Haltestelle „Homme de Fer" ist Drehscheibe im Zentrum.

Gebimmel ist selten, selbst die breiten Türen schieben sich fast geräuschlos auf.

Zunächst war ich wenig erfreut, auf die Tram angewiesen zu sein. In anderen Städten bin ich zu oft in einer Tram gesessen, die hinter einem Auto stecken geblieben ist. In Straßburg hat man das Leben auf die Straßenbahnen ausgerichtet: Die Intervalle sind kurz, selbst an Wochenenden und Feiertagen kommt man mühelos voran.

Die Tram ist damit das wichtigste Verkehrsmittel der Stadt. Zumindest bei Schlechtwetter. Bei Schönwetter sind die Straßburger ein fahrradfahrendes Volk. Mit über 400 Kilometern an Radwegen verfügt Straßburg über das dichteste städtische Netz in ganz Frankreich. Dank des Fahrradverleihs Vélhop bleibt es dem Besucher nicht vorenthalten mitzuradeln.

Was gibt es zu essen?

Alles, müsste die Antwort lauten. Egal ob man Lust auf Sushi, Curry oder Burger hat – in Straßburg werden Sie sicher alle Gelüste stillen können. Grundsätzlich aber rate ich dazu, sich zunächst an der elsässischen Küche satt zu essen – und wenn dann Bedarf nach Abwechslung besteht, die Restaurants aus aller Welt auszuprobieren.

Wie beschreibt man die elsässische Küche am besten?

„Deftig und fleischlastig", werden die einen sagen, wenn sie an ihre letzte *Boudin Noir* (Blutwurst) oder *Schiffala* (geräucherte Schweinsschulter) denken.

„Bodenständig", sagen die anderen und erinnern sich an Spätzle und Rösti. Gerichte, die aus einfachen Zutaten bestehen, die jeder Bauer früher in seiner Küche hatte.

„Leicht und luxuriös" können die Speisen aber auch sein: Ein Zanderfilet in Rieslingsoße liegt nicht schwer im Magen. Vorsichtiger sollte man allerdings bei *Foie Gras* sein, allzu große Mengen der exquisiten Leberpastete können schwer verdaulich sein.

„Kinderfreundlich" habe ich im Zusammenhang mit der elsässischen Küche auch schon gehört: Einen Flammkuchen von einem Holzbrett zu essen, macht eben Spaß. Und mit

Deftig, aber schmackhaft: die Speisen in der Straßburger Winstub

Fleischbällchen – hier Fleischkiechle genannt – kann man nicht danebenliegen.

„Aufwendig", kommt so manchem in den Sinn. Das Gericht *Baeckeoffe* (diverse Fleischsorten mit Gemüseeinlage in einer Suppenbrühe) schmort stundenlang im Ofen vor sich hin. Um es in einem Lokal zu genießen, muss man leider in die typisch touristischen Restaurants, da nur sie die Speise „vorbereitet" haben.

„Gewöhnungsbedürftig" ist vielleicht auch ein Attribut, das so mancher der Küche zuschreiben würde: Kalbsnieren und Weinbergschnecken sind nicht jedermanns Sache.

„Köstlich!", lautet mein persönliches Fazit, nachdem ich während meiner vielen Aufenthalte die Speisekarten meiner liebsten Winstuben rauf- und runterbestellt habe.

Was gibt es zu trinken?

Sie werden jetzt erwarten, dass ich antworte: Wein. Ja natürlich. Und darüber werde ich noch schreiben. Zunächst aber antworte ich: Wasser. Denn in Straßburg, wie im Großteil Frankreichs, kommt schnell (und kostenlos) eine *carafe d'eau* auf jeden Tisch. (Hier ist von urigen Wirtshäusern die Rede, nicht von noblen Sternerestaurants.) Ein Zugeständnis der Wirte, denn sie wissen wohl, dass der Gast mehr Wein verträgt, wenn er Wasser dazu trinkt. Vermutlich wissen sie auch, dass Gäste eher gewillt sein werden, mehr Wein zu bestellen und mehr Trinkgeld zu hinterlassen, wenn sie nicht wie an anderen Reisedestinationen sieben Euro oder mehr für eine Flasche Mineralwasser zahlen müssen.

Zur Wasserkaraffe gesellt sich dann schnell die Weinkaraffe: Sylvaner, Pinot Blanc, Riesling, Muscat d'Alsace, Pinot Gris und Gewürztraminer sind die charakteristischen Weine der Region. (Im Elsass werden die Weine nach den Rebsorten etikettiert, nicht wie andernorts nach der Region, z. B. Bordeaux oder Côtes du Rhone.) Hinzu kommt der Edelzwicker, ein Cuvée aus verschiedenen Weißweinen. Und der Crémant, elsässischer Schaumwein.

Der einzige Rotwein der Region ist der Pinot Noir, ein Spätburgunder. Wer schwere Rotweine bevorzugt, muss einen anderen (französischen) Rotwein bestellen. Auch diesen gibt es oftmals in der Karaffe. Anders als in Deutschland oder Österreich, wo es nur einen (nicht immer hochwertigen) Hauswein gibt, bieten die Wirte in Straßburg ihre liebsten Weine aus der Region als *Quart* (Vierterl) oder *Demi-Litre* (Halbliter) an. Selbstverständlich gibt es Wein auch in Flaschen – aus der Region wie aus der ganzen Welt. Wer die Sorten durchkosten möchte, kann den Wein auch im Glas bestellen – und darauf hoffen, dass er im typischen Weinglas (langer, grüner Stiel, kleines Glasgefäß obenauf) serviert wird.

Wein, Wasser und hin und wieder einen Kaffee. Mehr bräuchte ich persönlich nicht, um das Leben zu genießen. Doch auch die Biertrinker kommen in Straßburg auf ihre Kosten: Das Bierbrauen hat im Elsass eine lange Tradition. Schon seit dem Mittelalter werden in der Nähe von Straßburg Gerste und Hopfen angebaut. Mehr als 50 Prozent des französischen Biers wird im Elsass gebraut, allerdings gehen die Meinungen auseinander, ob man dieses Bier auch wirklich „elsässisches Bier" nennen kann. Der Bier-Multi Heineken übernahm Mitte der 1990er-Jahre die traditionelle Brauerei Fischer. Die Traditionsbrauerei Kronenbourg, die schon im 17. Jahrhundert gegründet wurde, gehört heute zur Carlsberg-Gruppe. Neben der einzigen großen unabhängigen Brauerei Météor in Hochfelden (35 km von Straßburg) gibt es noch einige kleine Brauereien. Der aktuelle „Craft Beer"-Trend ist nicht an Straßburg vorübergezogen.

Dass Bier in der Region einen hohen Stellenwert hat, wird deutlich, wenn man an den Schaufenstern der Redaktion der Lokalzeitung *Dernières Nouvelles d'Alsace* vorbeigeht: Die Journalisten produzieren nicht nur Sonderausgaben zu Wein und Winzern, sondern auch zu heimischen Bieren und Braumeistern. Manch kreative Köpfe kombinieren beide Produkte: Der Straßburger Braumeister Christian Artzner (La Perle) hat gemeinsam mit dem Winzer Romain Fritsch aus Marlenheim das Bier „La Perle dans les Vignes" auf den Markt gebracht, eine Kombination aus Bier, Riesling und Gewürztraminer.

Wie verständige ich mich?

Die jüngere Generation im Elsass spricht Englisch. Auch die nicht mehr ganz so Jungen im Dienstleistungssektor beherrschen diese Weltsprache. Allerdings kann es passieren, dass man das Englische erst aus dem Gegenüber „herauskitzeln" muss. Gerne ist die erste Antwort auf die Frage „Parlez-vous anglais?" ein kurzes, knappes „Non". (Wie vielerorts in Frankreich.) Meist erfolgt dann aber eine kurze Kosten-Nutzen-Rechnung im Kopf des Franzosen. Hat er erkannt, dass es einfacher ist, Englisch zu sprechen als das französische Gestammel des Touristen zu ertragen, kann man sich plötzlich ganz passabel unterhalten.

Hören die Straßburger Sie auf Deutsch reden, kann es schnell passieren, dass sie in diese Sprache wechseln. Immer wieder begegnet man Kellnern oder Verkäufern, die fließend Deutsch sprechen, weil sie selbst aus Deutschland kommen, vorübergehend hier jobben oder weil sie deutsche Wurzeln bzw. Verbindungen haben – z. B. einen deutschen Elternteil oder einen deutschen Partner. Die Liebe machte noch nie vor einer Landesgrenze halt. Schon gar nicht in einer Grenzregion, in der die deutsch-französische Geschichte so verwoben ist.

Als Straßburg unter wilhelminischer Herrschaft war (nach dem Deutsch-Französischen Krieg 1870–71), bekam nahezu alles in der Stadt einen deutschen Namen. Jungen, die eigentlich Jean getauft worden wären, hießen nun Hans. Ihre Nachkommen wurden dann nach dem Ersten Weltkrieg, als Straßburg wieder französisch war, Jean getauft.

70 Jahre nach dem Ende des Zweiten Weltkriegs ist Straßburg französisch. Zu behaupten, die Straßburger hätten sich sprachlich vollkommen von der Vergangenheit gelöst, wäre falsch. Das Elsässisch, eher eine deutsche Mundart als eine eigenständige Sprache, ist zwar vom Aussterben bedroht, aber noch immer zu finden. Vor allem die älteren Bewohner in Straßburg haben diesen Dialekt noch von ihren Vorfahren gelernt.

Nie vergessen werde ich eine Tramfahrt, während der ich zwei älteren Damen gegenübersaß, die *ihre* Sprache, Elsässisch, sprachen. Ich war so fasziniert von der schönen Sprachmelodie (und auch davon, dass ich sie verstehen konnte), dass ich verabsäumte auszusteigen.

Modern und ansprechend: der zentrale Place Kléber

Waschen, zeichnen und Zigarren rollen: Ein Streifzug durch die Krutenau

Schwimmen auf vollen Magen

In Sachen Frühstück sind die Straßburger echte Franzosen. Die erste Mahlzeit des Tages fällt spärlich aus: ein Croissant oder ein Stück Baguette, dazu Kaffee. Vielleicht noch Saft und Marmelade. Mein liebster Ort, um in Straßburg ein Baguette in einen Grand Café zu tauchen, war lange Zeit das *Café Brant*. Eine Art Kult-Einrichtung in unmittelbarer Uni-Nähe. Seitdem das Gebäude Ende des 19. Jahrhunderts gebaut wurde, gab es hier ein Kaffeehaus, früher war das hiesige Café zur Universität stadtbekannt.

Während eines Straßburgbesuchs im November 2013 fand ich mich an einem Dienstagmorgen vor verschlossenen Türen. Ruhetag? Nein, denn auch am Mittwoch, Donnerstag und Freitag blieben die schweren, grauen Jalousien zu.

Ich hatte nicht mitbekommen, dass das *Café Brant* seine Pforten geschlossen hatte. Und auch nicht, dass dies die Straßburger empörte. Erst vor dem Laptop entdeckte ich die Aktion „Rettet das Café Brant" im Internet.

Einige Wochen später durfte sich die Initiative, die mittlerweile mehr als 3.000 Unterstützer umfasste, freuen: Die Gerüchte, dass hier eine Bank einziehen könnte, waren zerschlagen. Weitere Umbaupläne des Hausbesitzers wurden durch die Stadt gestoppt.

Seit Herbst 2014 gibt es im Erdgeschoss dieses Gebäudes aus der Zeit der deutschen Herrschaft wieder ein *Café Brant*. Wenngleich es nicht mehr dasselbe Brant ist. Statt der roten Wände, der abgesessenen Holzstühle und der L-förmigen Bar stehen hier Polstermöbel, ordentlich zurechtgerückt; herausgeputzte Kellner bedienen an den schick gedeckten Tischen. Die Mittagsklientel, die sich Beef-Tatar und Lachs mit Zitronengras bestellt, ist keine studentische mehr. Das simple Frühstück (Demi-Baguette, Confiture, Beurre, Boisson Chaude) ist hingegen günstiger, für alle gemacht.

Ich setze mich ans Fenster, streiche Butter auf mein Brot und nicke Goethe zu: Sein Denkmal steht vor mir auf dem Place de l'Université und erinnert an seinen Aufenthalt in der Stadt zwischen April 1770 und August 1771 (siehe S. 61) Es ist gut, dass mein Frühstück heute klein ausfällt, denn vor meinem nächsten Programmpunkt sollte man ohnehin nicht viel essen: Ich gehe schwimmen.

Zugegeben, schwimmen in einem städtischen Schwimmbad steht nicht unbedingt auf dem Plan, wenn man einen Städtetrip macht. In Straßburg aber lohnt es sich, den Badeanzug einzupacken: Hier kann man in einem der denkmalgeschützten originalen Bains Municipaux aus dem Jahr 1908 seine Bahnen ziehen.

Ich zahle meine Rechnung, schlendere an der Uni vorbei, um Martin Luther, Johannes Kepler und Gottfried Leibniz auf dem Dach des Universitätspalasts zu grüßen und noch einen Blick in die Aula zu werfen. Dieser öffentlich zugängige Innenhof, in einem satten Rotton gehalten und mit Säulen umringt, bringt mich immer zur Ruhe – selbst wenn er mit Studenten gefüllt ist.

Ich erreiche den Boulevard de la Victoire, das Gebäude auf der anderen Seite ist nicht zu übersehen: *Grand Établissement Municipal de Bains* steht auf der fleckigen Fassade, die hinter einer Art Graben liegt. Steintreppen führen wie eine Brücke darüber, hin zu einem abgerundeten Portal mit ovalen Fenstern, unverkennbar zur Zeit des Jugendstils entstanden.

Die Grande Piscine: Schwimmen in einem historischen Ambiente

Ich drücke die Holztür auf.

Im Eingangsbereich scheint die Zeit stehen geblieben. Ich fühle mich eher wie an einer Museumskasse als in einem Schwimmbad. Weit und breit keine plärrenden Kinder, die an den Badetaschen der Mütter zerren. Kein Chlorgeruch. Auch keine grell beleuchteten Süßigkeitenautomaten. Stattdessen zieren Frauenskulpturen den Raum, goldgefasste Lampen spenden Licht. Die Öffnungszeiten sind noch, wie vor Jahrzehnten üblich, in weißen Buchstaben auf eine Schwarze Tafel gesteckt.

Der Eingang zum kleinen Schwimmbad liegt gleich neben der Kasse, eine Menschentraube hat sich darum gebildet. Zwei Dutzend Frauen mit Dauerwelle warten auf die Senioren-Aquagymnastik.

Ich löse eine Karte und werde zum großen Becken, zur *Grande Piscine*, geschickt: Schon auf dem Weg zu den Garderoben komme ich an dem Becken vorbei, kann beobachten, wie das bunte Glasfenster unter dem halbrunden Dach Lichtkegel aufs Wasser wirft. Anders als in modernen Schwimmbädern reihen sich die hölzernen Umkleidekabinen hier links und rechts neben dem Bad, bei genauerem Hinsehen bemerkt man, dass der Lack abblättert, die Feuchtigkeit hat die Türen verzogen. Man müsste sie gegen Türen aus einem anderen Material austauschen. Schwierig, angesichts der strengen Vorgaben des Denkmalamts. Ich ziehe mich am liebsten in den Kabinen auf der oberen Galerie um: Von hier hat man einen Blick auf das Becken, kann genau sehen, wo die alten Fliesen ausgetauscht wurden; und wenn man geschickt ist, kann man sogar von oben in die originalen Spucknäpfe spucken, die unten an der Wand hängen.

Vor dem Schwimmen möchte ich duschen, die Kupferduschen sind direkt neben dem Becken. Beobachtet man die Duschenden, erkennt man schnell, wer ein regelmäßiger Gast der Bains ist. Nur wer schon einmal hier war, weiß, dass der Knauf (besser: Kupferhebel) nur eine Zierde ist. Die Duschen funktionieren via Sensor auf Knöchelhöhe. Diese Maßnahme wurde nicht gesetzt, um zu modernisieren, sondern weil die winzig kleinen Originalteile, die den Hebelmechanismus steuern, nicht mehr produziert werden.

Ich steige ins Wasser, ohne wirklich schwimmen zu wollen. Mir reicht es, im Wasser zu stehen und hinauf zu den Arkaden zu blicken, hinüber zum Löwen am Kopfende. Am rechten Beckenrand ist eine Bahn abgetrennt, ein Lehrer gibt Anweisungen, die Schüler, die wohl jede Woche hier schwimmen, scheinen völlig unbeeindruckt von der Schönheit dieser Halle. Heute habe ich keine Zeit für Bahnen, denn ich bin mit Chantal Seguin, der Direktorin des Schwimmbads verabredet.

Wieder trocken und angezogen, führt sie mich durch das Haus. Durch das Fenster zum kleinen Schwimmbad sehe ich, dass die Pensionistinnen sich inzwischen umgezogen und Badehauben aufgesetzt haben. Sie stehen dicht gedrängt in diesem deutlich kleineren Becken, das abgerundete Ecken hat.

„Die runden Ecken sollten Weiblichkeit widerspiegeln", sagt Chantal. Bis in die späten 1970er-Jahre gingen Straßburger und Straßburgerinnen getrennt schwimmen. Die Frauen in dem runden, weichen Becken, die Männer in dem rechteckigen, kantigen, mit dem Löwenkopf am Rand.

Chantal führt mich durch einen langen Gang, von dem einzelne, winzige Badekammern abgehen, alle mit derselben Einrichtung: Fenster, Dusche, Kommode sowie ein Stuhl, um Kleidung und Handtuch abzulegen. Früher, als die Straßburger noch keine eigenen Badezimmer hatten, kamen sie zum Waschen in diese öffentlichen Bäder. Ganz haben die Bains Municipaux die Funktion als öffentliche Waschanstalt nicht aufgegeben: Die Obdachlosen der Stadt können eine Karte beantragen und zum Duschen hierherkommen. In den hintersten Kabinen stehen statt Duschen Badewannen, an denen der Heißwasserknauf fehlt. „Früher hatte das Personal den Knauf, nur sie konnten das Warmwasser einlassen", sagt Chantal. Eine effiziente Maßnahme, damit die Badenden nicht zu lange blieben und zu viel Wasser verbrauchten. Noch heute lässt man hier gelegentlich Bäder ein: Einige ältere Straßburger kommen hierhin, um ein Bad zu nehmen, weil sie an alten Gewohnheiten festhalten wollen.

Im oberen Stockwerk erreichen wir die Bains Romains. Heutzutage würde man diese römischen Bäder – eigentlich Dampfbäder und Ruheräume – als Spa-Bereich bezeichnen. Mit einer modernen Therme haben die Räume hier oben aber wenig gemeinsam. Im Eingangsbereich reihen sich Holzkabinen aneinander, jede mit einem schweren Stoffvorhang und einer lederüberzogenen Liege. Die Gäste werden aus Hygienegründen von der Badeanstalt mit Laken ausgestattet. Mehr darf nicht in den hinteren Bereich mitgenommen werden. Deshalb dürfen Jugendliche zwischen 16 und 18 Jahren nur in Begleitung der Eltern in diesen „Nacktbereich".

Heute ist niemand hier: Der Bereich ist an diesem Vormittag geschlossen, erzählt Chantal stolz: Die Modezeitschrift Vogue hat sich für ein Shooting angemeldet. Daher der intensive „frisch geputzt"-Geruch und der gewischte Boden.

Seiteneingang zum historischen „Hundewaschsalon"

Auch als wir im Keller ankommen, sind die Badangestellten in ihren weißen Uniformen und Gesundheitsschlapfen am Putzen: Sie polieren die Kupferstangen an den Geländern der Kaltbecken im Saunabereich. Sie machen es nicht nur wegen der Fotoaufnahmen: Grundsätzlich müssen einmal pro Woche alle Geländer geputzt werden, da das Kupfer sonst grün wird.

Hier unten befinden sich auch die früheren Behandlungsräume: *Salon des Traitements* steht über dem weißen Türrahmen, die Säle werden heute nicht genützt. Chantal hat noch etwas Zeit und führt mich durch die Heizräume, über unseren Köpfen verlaufen wuchtige Rohre, die Heißwasser befördern, manche Schächte sind noch auf Deutsch beschriftet, aus der Zeit unter deutscher Herrschaft.

Chantals Handy läutet, die Fotografen sind da. Zurück in ihrem Büro fällt mir auf, wie heiß es hier ist: Es liegt genau unter den römischen Bädern. „Im Sommer hatte es hier 38 Grad", stöhnt sie.

Draußen ist es angenehm frisch, ein leichter Wind weht, als ich das Gebäude verlasse, in die Rue des Bains biege, auf der Suche nach einem weiteren Detail: ein Hund auf einem Seitentor. Die Straßburger konnten früher in den Bains ihre Hunde waschen lassen.

Partyschiffe und Fischerkirche

Durch die schmale Rue Prechter erreiche ich den Quai des Pêcheurs. Ich stelle mich ans Geländer, schließe die Augen und versuche mir vorzustellen, wie es gewesen sein muss, als hier noch viele Schiffe fuhren und es entlang des Quais Landestellen gab. Heute gibt es nur eine Handvoll Boote am Ufer, sie sind zu Lokalen umfunktioniert worden. Auf dem Deck der *Atlantico* werden Stühle und Tische aufgestellt. Nachts wird das Lokal in einen Club verwandelt. Ich bestelle mir ein Glas Pinot Gris, eine Portion Oliven, und als später ein Plexiglas-überdachtes Boot still durch das Wasser gleitet, proste ich den Touristen zu, die über Kopfhörer den Kommentar hören. Von meinem Sitzplatz aus, nach Süden blickend, sehe ich schon mein nächstes Ziel: die *St.-Guillaume-Kirche*. Sie ist sauber geweißelt und erkennbar an dem Anker auf dem Dach. Die heutige Kirche, die größtenteils aus dem 17. Jahrhundert stammt, war einst das Gotteshaus der Fischer und Bootsleute. Ihre Ursprünge reichen aber viel weiter zurück. Schon Anfang des 14. Jahrhunderts wurde hier eine Kirche gebaut, die von dem Bettelorden der Wilhelmiten genützt wurde. Mir war bislang noch nicht aufgefallen, wie schief das Gebäude ist: Von hier aus sehe ich deutlich,

St. Guillaume:
Gotteshaus der
Fischer und Bootsleute

welche Auswirkungen der feuchte Untergrund in dieser Gegend auf die Gebäude hat. Ich frage den Kellner, ob die Kirche heute offen hat.

Er zuckt mit den Schultern, er ist aus Orléans; ist erst seine zweite Woche hier.

Auf der Kirchenpforte klebt ein Schild, dass das Gebäude nur während der Gottesdienste und auf persönliche Anfrage geöffnet ist. Eine E-Mail-Adresse der Pfarre ist angegeben. Ich werde darauf zurückzugreifen, sollte ich niemanden finden, der mir aufsperren kann.

Ich gehe ein Stück die Rue Saint-Guillaume entlang, ohne jemanden zu finden. Das Pfarrhaus befindet sich heute hinter der Kirche im Innenhof, sagt eine Passantin.

„Aber früher war es in dieser Straße!" Sie deutet auf eine Gedenktafel, die an Georg Büchner erinnert. Als er in Straßburg Medizin studierte, wohnte er beim evangelischen Pfarrer Johann Jakob Jaeglé. Hier war er nicht nur von der Gastfreundschaft des Pfarrers angetan, sondern auch von dessen Tochter Wilhelmine. Er nannte sie „Minna" und verlobte sich 1832 heimlich mit ihr.

Ich gehe also zurück und betrete den Innenhof rechts neben der Kirche. Das Nebengebäude ist verlassen, durch das Fenster sehe ich gedeckte Tische.

„Jeden Mittwoch organisiert die Pfarre ein Frühstück für die Bedürftigen in der Stadt", sagt eine Stimme. Ein Mann in Holzfällerhemd mit Zigarette im Mundwinkel steht hinter mir. Er stellt sich als *le sacristain*, der Mesner, vor.

„Wenn Sie möchten, kann ich Ihnen die Kirche öffnen."

Wir betreten den finsteren, lang gezogenen Kirchenraum. Erst als der Mesner das Licht einschaltet, kommt die Größe zur Geltung. Über unseren Köpfen prangt ein Holzbalkon. „Im 16. Jahrhundert, nachdem die Kirche protestantisch geworden war und die Zahl der Protestanten in Straßburg stieg, war die Kirche zu klein", sagt der Mesner. „Man musste den Raum ausbauen."

Er rückt die Informationsbroschüren zurecht. Die Ordnung scheint ihm wichtiger zu sein als die Kirchenfenster. Selbst gotische Buntglasfenster aus dem 15. Jahrhundert verlieren ihre Besonderheit, wenn man sie jeden Tag sieht. Schwer atmend führt mich der Mesner durch die Kirche, vorbei an einer Relieftafel aus dem 16. Jahrhundert, die das Leben von Wilhelm von Aquitanien zeigt, und an einem Doppelgrab der Brüder von Werd aus dem 14. Jahrhundert.

Ich bin allerdings wegen eines anderen Kunststücks hier: Wegen des Pelikans, der drei Junge säugt. Es ist das Gegenstück zu jenem in der Ste.-Aurélie-Kirche im Bahnhofsviertel (siehe S. 98). Nicht nur das haben diese protestantischen Kirchen gemeinsam: Beide haben eine berühmte Silbermann-Orgel. Die hiesige wurde 1728 eingeweiht, allerdings ist nur das barocke Gehäuse erhalten geblieben.

Von Kunst und Kougelhopf

Vor der Kirche bemerke ich, dass mein Magen knurrt. Direkt am Quai, schräg gegenüber der wilhelminischen öffentlichen Toilettenanstalt, liegt die Bäckerei *Au Quai des Lys*. Seit meinem letzten Besuch ist der Schriftzug *Les Douceurs de St. Guillaume* vom Schaufenster entfernt worden, weil die junge Unternehmerin Carole die Bäckerei mit ihrem Lebensgefährten übernahm. Die Jahreszahl 1279 prangt aber noch deutlich auf dem Schaufenster und erinnert daran, dass es seit dem 13. Jahrhundert an exakt dieser Stelle immer eine Bäckerei gegeben hat. Als wäre das nicht Werbung genug, hat diese Bäckerei vor einigen Jahren auch die Medaille für den besten Kougelhopf der Stadt bekommen. Der Vorvorbesitzer hat das geheime Rezept seinen Nachfolgern mitgegeben, doch Carole darf es nicht verraten.

„Nur so viel: Wir verwenden mehr Rosinen, damit bleibt der Kougelhopf länger saftig", sagt sie und erzählt, dass sie die übrig gebliebenen Kougelhopfs ihren Kindern mitnimmt für das Frühstück am nächsten Tag. Das Gebäck ist dem Briocheteig oder Milchbrot ähnlicher als dem Kuchen. Mit dem österreichischen Gugelhupf hat er wenig gemeinsam. Als Mitbringsel gibt es Kougelhopfs in allen Größen, die kleinen sind gerade einmal so groß wie mein Daumen. Seltener sieht man in den Innenstadtbäckereien die herzhafte Variante: *Kougelhopf Salé* ist mit Speck und Zwiebeln gespickt.

Schlendert man durch die vollen Gassen auf der Grande-Île auf der anderen Seite des Flusses, könnte man meinen, die Straßburger äßen ausschließlich Kougelhopf. Verweilt man hier eine Weile vor der Vitrine, erlebt man, dass sie in der Mittagspause und nach der Schule ganz „normale" Waren kaufen: Schokomuffins, belegte Brote, Croissants und Vollkornbrot. Carole hat die Stammkundschaft der Vorbesitzer übernommen: Die Pensionisten aus der Gegend kommen wegen *Ficelles*, kleinen, dünnen Baguettes, die leichter für die dritten Zähne zu kauen sind; Restaurantbesitzer kaufen gleich in Säcken Baguette für ihre Gäste.

Ich kaufe mir trotzdem einen Mini-Kougelhopf und zupfe Stück für Stück ab auf meinem Weg, während ich durch die Rue Saint-Guillaume schlendere – hinein in das Herz des Bezirks Krutenau.

Inzwischen habe ich mich an die für Deutschsprachige zunächst irritierende französische Aussprache gewöhnt: Das *u* wird zum *ü*, das *e* fällt weg, das *au* wird zu einem langen *o*. *Krütnó*. Obwohl dieser Bezirk nur einige Meter Luftlinie von der Grande-Île und dem Treiben dort entfernt liegt, herrscht hier eine völlig andere Stimmung. Der Bezirk wird seit jeher von seinen Bewohnern geprägt. Zunächst (im 15. Jahrhundert) siedelten sich die Gemüsebauern hier an, dann die Soldaten und Offiziere. (Das Kasernenviertel Esplanade ist gleich angrenzend.) Im 19. Jahrhundert wohnten hier die Arbeiter der Fabriken, die sich im Zuge der Industrialisierung ansiedelten. Heute ist die Krutenau ein Viertel der Studenten und Künstler. Ein hippes Viertel, das trotz einiger Bars und Clubs nichts von seinem ruhigen, abgelegenen Charme verloren hat.

Eines der schönsten Gebäude im Bezirk ist die frühere *École Supérieure des Arts Décoratifs*, heute Teil der *Haute École des Arts du Rhin* (HEAR). Für mich ist es sogar eines der schönsten

École Supérieure des Arts Décoratifs: das schönste Gebäude im Bezirk

Gebäude der Stadt. Es stammt aus dem Jahr 1889 und wurde schon für seinen Zweck als Kunsthochschule gebaut. Das bringt den Vorteil, dass die Ateliers der Maler in den obersten Stockwerken gleich mit Nordlicht ausgestattet und die Räume für die entsprechenden Handwerke ausgerichtet wurden. Zum Teil haben manche Räume noch die originale Ausstattung, zum Beispiel jene für die Studenten der „Buchkunst", die hier das Handwerk des Büchergestaltens lernen. Die Bezeichnung „Kunsthochschule" kann für Laien irreführend sein: Hier wird längst nicht nur gemalt. Die Studenten, die ein schwieriges Auswahlverfahren durchlaufen müssen, arbeiten mit Holz, Metall, Schmuck, Keramik, Glas.

Die Backsteinfassade des Gebäudes ist mit Keramikelementen verziert, die erst zehn Jahre nach dem Bau angefertigt wurden. Die Blumen darauf sind aus der Feder von einem der ersten Schüler hier, Léon Elchinger aus Soufflenheim, der die kleinen Kacheln in der Brennerei seiner Eltern brannte. Bevor die Schule gebaut wurde, war hier der botanische Garten der Stadt. Die Blumen, die waagrecht unter den Fenstern dargestellt sind, sind Sorten, die in dem Garten zu finden waren. Das Gebäude ist für sich schon ein beeindruckendes Kunstwerk, das ich lange bestaunen könnte. Wie schade, dass es auf der falschen Seite der „Grenze" liegt. Ein Antrag läuft, um die Neustadt mit ihren vielen wilhelminischen Bauten in die Liste des UNESCO-Weltkulturerbes aufzunehmen. Die Grenze zwischen Neustadt und Krutenau verläuft genau hinter der Kunsthochschule. (Sie liegt zwischen der Schule und den Bains Municipaux. Von den Ateliers im neuen Anbau, hinten im Garten, kann man sogar die Rückseite des Schwimmbadgebäudes sehen!)

Wenn die Bäume im vorderen Garten grün und die Blätter noch dicht sind, verschwindet die Fassade manches Mal hinter den Bäumen. Dann ist man geneigt, zunächst das Krokodil zu bemerken. Einmal im Jahr finden disziplinübergreifende Workshops statt: Das Krokodil, das wegen der Witterung schon oft geflickt worden ist, ist eine Art Erkennungsmerkmal für die Schule geworden. Viele Straßburger kennen das schöne Gebäude nicht, aber das Krokodil kennen sie. Genauso den Giraffenkopf, der auf der anderen Seite der Kreuzung zu sehen ist. Passanten fokussieren sich auf das Krokodil und übersehen beim eiligen Vorbeigehen das Denkmal, das rechts von einem kleinen Teich steht. Während des Deutsch-Französischen Kriegs (1870/71) verhungerten viele Straßburger. Das Denkmal erinnert an das Massengrab, das sich einst hier befand. Davor stehen einige Bänke, um einen Moment innezuhalten. Obwohl es sich um eine Art Schulhof handelt, ist dieser Park ein öffentlicher.

Die Studenten der Hochschule beleben den Bezirk: Viele wohnen in der Nähe, gleich auf der anderen Seite der Straße haben sie ihre Kneipe, in einem Nebengebäude der *La Chaufferie* gibt es regelmäßig Ausstellungen ihrer Werke.

Jetzt am frühen Nachmittag sind die Straßen menschenleer. Ich begegne niemandem, bis ich zur ehemaligen Tabakmanufaktur komme. Noch bis zum Anfang des 21. Jahrhunderts wurden hier per Hand Tabakblätter aus Kuba, Brasilien und dem Fernen Osten zu Zigarren und Zigarillos gewickelt, bis in die

1990er-Jahre wurden im Elsass noch jährlich etwa 5.000 Tonnen dunkler Tabak für die Marken *Gauloises* und *Gitanes* angebaut. Heute steht das Gebäude leer. Bei meinem Besuch war die Verwendung ungewiss: Das Gebäude ist noch im Besitz des Tabak-Unternehmens, das plant, es in Luxuswohnungen zu verwandeln. Die Straßburger aber möchten die Fläche besser nutzen: für Studenten, als Ausstellungsfläche und für Sozialwohnungen. Die Grundfläche im Hof könnte zu einer – dringend gebrauchten – Grünfläche in diesem so dicht bebauten Stadtteil werden.

Die Bäckerin Carole konnte mir zwar nicht das Geheimrezept für den Kougelhopf verraten, allerdings hat sie mir einen Zettel mitgegeben, damit ich ihre Lieblingskekse backen kann: *Butter-Bredele* sind im Elsass in der Vorweihnachtszeit in jeder Bäckerei zu finden – schmecken aber auch in den anderen Jahreszeiten.

REZEPT: CAROLES BUTTER-BREDELE

Zutaten
500 g Mehl
250 g Zucker
250 g Butter
8 Eigelb

Zubereitung
Butter schaumig rühren und mit Zucker, Eigelb und Mehl mischen. Teig zwei Stunden ruhen lassen. Teig etwa 5 Millimeter dick ausrollen, mit Keksformen ausstechen. Backofen auf 150 Grad vorheizen. Die Bredele mit Eigelb bepinseln und 10 Minuten backen.

Tipp: Carole fügt manchmal Zitronenabrieb zum Teig, auch eine Prise Zimt gibt den Bredele eine besondere Note.

Käsknepfle? Oder lieber einen Kessel Hirsebrei?

In der Rue de la Krutenau kommen mir die ersten Fußgänger entgegen. Manche mit einem Korb, andere mit Brot unter dem Arm. Der Andrang beim Bäcker an der Ecke *Au Pain de mon Grand-Père* ist immer groß, heute war außerdem Markttag auf dem Place de Zurich. Die letzten Marktbetreiber bauen ihre Stände ab, die Türen der Kleintransporter werden zugeschlagen. Einzig der Tisch mit den Marmeladen ist noch da. Die alte Verkäuferin sitzt neben ihren Kisten und scheint darauf zu warten, dass sie abgeholt wird.

Bei meinen ersten Aufenthalten in Straßburg fragte ich mich, was Straßburg mit Zürich zu tun hat. (Hier gibt es den Place de Zurich und die Rue de Zurich.) Sind sie Partnerstädte? Nein. Diese Namen gehen auf eine Gruppe fleißiger Ruderer zurück, die Mitte des 16. Jahrhunderts auf einem Floß von Zürich nach Straßburg paddelten. Mit an Bord hatten sie einen Kessel mit heißem Hirsebrei, der noch bei der Ankunft warm sein sollte. Zweck dieser außergewöhnlichen Übung: Die Züricher wollten den Elsässern ihre Solidarität beweisen

Brotduft dringt aus der Bäckerei an der Ecke zum Place de Zürich.

und belegen, dass sie im Ernstfall schnell (schneller als Brei auskühlen kann) zur Hilfe kommen könnten. Den Wasserweg, über den sie anreisten, gibt es nicht mehr. Der Rheingießen, ein Verbindungskanal zwischen Straßburg und dem Rhein, wurde im 19. Jahrhundert zugeschüttet.

Ich folge dem Blick der geduldigen Marmeladenverkäuferin. Vermutlich starrt sie nur ins Narrenkästchen, aber von meinem Standpunkt aus sieht es aus, als blicke sie hinauf zum gusseisernen Fuchs, der am Fachwerkhaus auf dem Platz hängt: das Restaurant *Au Renard Prêchant* (Wo der Fuchs predigt). Der Name erinnert an eine Fabel aus dem Mittelalter, in der ein listiger Fuchs am Hof eines Löwen wohnt. Zwischen den Zeilen ist diese Geschichte eine Satire auf die höfische Gesellschaft im Mittelalter. Goethe übersetzte die Geschichte unter dem Namen „Reineke Fuchs" ins Neuhochdeutsche.

Hier auf dem Platz scheint das Viertel zum Leben erweckt. Im Gastgarten des *Au Renard Prêchant* sitzen die letzten Büroangestellten beim Mittagsmenü, im Bagel-Lokal an der Ecke tratschen Studenten über Kaffees mit Milchschaum. Ich könnte nun die Rue des Orphelins wählen, dabei an meinem

Hinter der Kirche Ste.-Madeleine sind Reste der alten Stadtmauer.

Restaurant Coccinelle: Bei Schönwetter gibt es Tische draußen.

liebsten indischen Restaurant in der Stadt vorbeigehen, um zum Place d'Austerlitz zu gelangen. Heute aber habe ich Lust, wieder einmal in die versteckte Rue du Fossé des Orphelins abzubiegen.

In dieser winzigen Gasse gibt es auf der Rückseite der Ste.-Madeleine noch Reste der alten Stadtmauern zu sehen, außerdem spuckt mich diese enge Gasse in einer meiner Lieblingsstraßen, der Rue Sainte-Madeleine, aus.

Im Laufe der letzten Jahre haben sich hier vermehrt Kleinunternehmer angesiedelt: Boutiquen, die Kindermode, Unterwäsche und Krimskrams verkaufen, zudem gibt es eine Weinstube, der neues Leben eingehaucht wurde: 2014 übernahm das junge Ehepaar Nicolas und Cécile Skorintschouk das Lokal *Coccinelle* von alt und müde gewordenen Gastronomen.

Das Vorhaben der Neuen: Sie wollten Elsässer Tradition zeitgemäß erscheinen lassen. Das begann zunächst mit der Einrichtung: Großteile der Winstub sind gleich geblieben – etwa die typischen Bleiglasfenster, die wuchtigen Balken und Holzsitzbänke. Dafür wurde das Lokal mit roten Designerlampen und kleinen Accessoires modernisiert. Viel wichtiger aber noch ist die Karte: Zwar gibt es hier auch *Choucroute Garnie* (Sauerkraut mit diversen deftigen Fleischstücken) und Kalbsnieren, aber auch einige ausgefallene, moderne Versionen der Elsass-Küche: zum Beispiel den Elsass-Burger, ein Fleischburger mit *Munsterkäse* zwischen hauchdünnen Kartoffelrösti; oder Elsass-Tapas, feine Häppchen mit *Fromage Blanc d'Alsace*, *Munsterkäse* und *Foie Gras Crème Brulée*. Hinter diesen Spezialitäten steht der junge kreative Koch Nicolas, der in vielen Küchen Frankreichs lernte und arbeitete, bevor er sich selbstständig machte. (Sein Werdegang färbte auf die Speisekarte ab: Eine berufliche Station war das Restaurant *La Diligence* in Lingolsheim südlich von Straßburg, das auf Burger und Tatar-Gerichte spezialisiert ist.)

Die Tische vor dem Lokal sind leer. Die Küche ist seit ein paar Minuten geschlossen. Die Restauranttür ist aber noch offen. Ich drücke sie vorsichtig auf. Nicolas ist in der Küche und kümmert sich um die Pfannen, Cécile macht die Abrechnung. Und ein letztes Stück *Cheesecake à l'Alsacienne*, der mit frischem Topfen aus dem Elsass zubereitet wird, scheint geradezu auf mich zu warten.

Nicolas legt es für mich auf einen Teller. Während ich esse, erzählt er mir von seinen neuen Kreationen. „Ich habe eine Idee für Schnecken mit Nüssen", sagt er. „Was halten Sie davon?"

Ich bin froh, dass mein Mund zu voll ist, um zu antworten. Ich kann mit den Schnecken, die traditionellerweise in kleinen Förmchen mit Kräuterbutter serviert werden, wenig anfangen. Nicolas weiß, dass er die traditionelle Winstubkarte nicht radikal verändern kann. „Man muss sehr behutsam sein, denn die Kunden wollen die traditionellen Gerichte haben", sagt er. „*Und* Klassiker mit einem Hauch Modernität."

Als das Paar die Winstub übernahm, stand der Klassiker *Choucroute Garnie* nicht auf der Karte, doch die Kunden verlangten danach. Damit sind nicht die Touristen gemeint, die auf der Suche nach dem „Elsass-Erlebnis" sind, sondern die Einheimischen, viele von ihnen aus den umliegenden Straßen in der Krutenau. Nicolas und Cécile haben die Karte nachgerüstet. (Nicolas lernte sie bei seinem ersten Lehrmeister im Lokal *La Pomme d'Or* in Niederhaslach, westlich der Stadt, zu perfektionieren.) Trotzdem ist die Liste an Gerichten überschaubar, damit Frische garantiert werden kann.

Mittags kann sich Chef Nicolas auf der täglich wechselnden Tageskarte nach Lust und Laune austoben. Mal gibt es Risotto-Kreationen, die er bei Besuchen bei seinem Halbbruder, der in Italien lebt, kennengelernt hat. Mal Elsässer Hausmannskost, wie sie in den Familien gegessen wird, aber seltener auf Karten zu finden ist, zum Beispiel *Käsknepfle*, eine Art Spätzle aus Topfen, oder *Schnider-Spätzle*, die elsässische Variante von Ravioli.

Nach einem Kaffee schlendere ich über den erst frisch renovierten Place des Orphelins und schaue zwei Schülern, noch mit Schultasche auf dem Rücken, eine Weile beim Tischtennisspielen zu. Dieser begrünte Platz ist eine letzte Ruheoase, bevor man den Place d'Austerlitz, den früheren Metzgerplatz, erreicht. Er setzt sich aus einer unstimmigen Mischung an neuen und alten Bauten zusammen, wird gesäumt von Terrassencafés, die zu groß geraten sind, um Charme zu haben. Obwohl ich versuche, ihn zu meiden, führt es mich, wenn ich in der Krutenau bin, immer wieder hierhin. Es gibt saubere, kostenlose öffentliche Toiletten.

Manche Gerichte aus dem Elsass sind aufwendig und erfordern Kocherfahrung. Nicolas hat mir zwei einfache Lieblingsrezepte mitgegeben – die garantiert gelingen.

Aus Nicolas' Rezeptbuch

KÄSKNEPFLE

Zutaten (für 4 Personen)
300 g Mehl
550 g Quark (Topfen)
3 Eier
Salz, Pfeffer, Muskatnuss
20 g Schnittlauch
1 Zwiebel (mittlere Größe)
200 g Speck
30 cl Sahne (Obers)

Zubereitung
Zwiebel und Schnittlauch klein hacken. Mehl mit Topfen, Eiern, Salz, Muskat und Pfeffer in einer großen Schüssel vermischen und zu einem Teig zusammenkneten. 30 Minuten im Kühlschrank ruhen lassen.

In der Zwischenzeit Backofen auf 170 Grad (Umluft) vorheizen und leicht gesalzenes Wasser in einem großen Topf zum Kochen bringen. Zwiebeln in einer Pfanne andünsten und zum Teig hinzufügen. Danach in derselben Pfanne Speck andünsten und Obers hinzugießen.

Aus dem Teig kleine Knödel formen und 10 Minuten im siedenden Wasser ziehen lassen, kurz mit kaltem Wasser abschrecken. In eine Auflaufform geben, Speck-Sahne-Soße darübergießen und 10 Minuten im Rohr backen. Mit Schnittlauch garnieren.

CHEESECAKE À L'ALSACIENNE

Zutaten
900 g Quark (oder Fromage Blanc d'Alsace)
2 Esslöffel Maisstärke
3 Eier
180 g Zucker
1 Vanilleschote
210 g Spekulatius-Kekse (in Bröseln)
60 g Butter
Saft von einer Zitrone

Zubereitung
Butter in einem Topf zum Schmelzen bringen, Keks-Brösel hinzufügen und vermischen. Den Boden der ausgefetteten Springform damit auslegen. 5 Minuten bei 160 Grad (Umluft) backen.

Währenddessen Topfen, Zucker, Vanille, Zitronensaft und Maisstärke in einer Rührschüssel vermischen und 5 Minuten bei mittlerer Geschwindigkeit mit dem Handmixer verrühren. Danach die Eier einzeln in die Masse einrühren.

Kuchenmasse über den Keksboden gießen und 45 Minuten bei 170 Grad backen.

Serviertipp:
Mit Himbeercoulis oder frischen Himbeeren anrichten.

Orte zum Einkehren

Café Brant
11 Place de l'Université, 03 88 36 43 30, Mo–Sa 7–21, So 8–21
Nettes Lokal hinter der Uni. Gemütliche Frühstücksatmosphäre mit bequemen Lehnsesseln und frischem Baguette. Zur Mittagszeit wird die Klientel gehobener.

Atlantico
Quai des Pêcheurs, 03 88 35 77 81, Mo–So 6–1.30
www.cafe-atlantico.net
Cocktailbar mit Ausblick: idealer Ort, um ein Glas Wein zu trinken und auf die Grande-Île zu blicken.

Au Quai des Lys
1 Quai des Pêcheurs, 03 88 35 25 21
www.facebook.com/pages/Au-Quai-des-Lys/1407731542825155
Kleine, familiengeführte Bäckerei, die Köstlichkeiten für zwischendurch anbietet. Ausgezeichnet für ihren Kougelhopf.

Au Pain de mon Grand-Père
58 Rue de la Krutenau, 03 88 36 59 66, Mo–Sa 6–19, So 6–14
www.aupaindemongrandpere.com
Brezeln, Laugenstangen, Croissants und Brioche: Diese Bäckerei bietet garantiert etwas für jeden Geschmack. Mittags gibt es auch Sandwiches und Quiches.

Bagelstein
18 Rue des Bateliers, 03 88 10 94 12, Mo–Fr 8–20, Sa 8.30–20
www.bagelstein.com
Genug von Brezeln und Baguette: Das Lokal Bagelstein bietet Snacks und eine gut sortierte Kaffeekarte an.

La Coccinelle
22 Rue Sainte-Madeleine, 03 88 36 19 27, Di–Sa 12–14 und 19–22
www.restaurant-la-coccinelle.fr
Winstub abseits der Touristenwege: Küchenchef Nicolas vertraut auf eine kleine, feine Karte. Im Sommer gibt es Tische draußen.

Orte zum Vertiefen

Bains Municipaux
10 Blvd de la Victoire, 03 88 25 17 58, Mo 7–19, Di 16–21,
Mi 8.30–20, Do 8–21, Fr 8–20, Sa 8–17.30, So 8–13

Kirche St.-Guillaume
1 Rue Munch, 03 88 36 01 36
www.saint-guillaume.org
Besuch nach Vereinbarung

*Die Stadt in der Stadt:
Rund um das
historische Spital*

Dinieren im Pferdestall

Essen in einem Pferdestall. Als ich davon hörte, war meine Neugierde sofort geweckt – und ein Besuch in der *Brasserie Les Haras* unvermeidbar. Das Restaurant sowie das gleichnamige Hotel befinden sich in einem ehemaligen Nationalgestüt aus dem 18. Jahrhundert, nur wenige Schritte von den Ponts Couverts, den Gedeckten Brücken, und dem südlichen Ende des Stadtteils Petite France entfernt.

Ich betrete das riesige Areal und gehe, vorbei an perfekt gepflegtem Rasen, auf ein luxuriöses, neu renoviertes Gebäude zu. Durch einen schmalen Gang gelange ich in den Innenhof: der frühere Reitplatz. Linker Hand ist die Brasserie, der Haupteingang ist ein majestätisches Tor.

Drinnen, hinter der über zwei Jahrhunderte alten Fassade, erinnert auf den ersten Blick wenig an einen Pferdestall. Es riecht weder nach Stroh noch nach Pferdeäpfeln, sondern es duftet nach feinem Essen: Lamm-Burger und Zanderfilet in Rieslingsoße stehen auf der Karte, genauso wie die bekannten Elsass-Klassiker *Choucroute Garnie* und *Tarte Flambée*.

Ich setze mich an einen der Loungetische im Barbereich auf einen Hocker, der einem Sattel nachgeformt wurde, und warte auf Maxime Muller. Der Restaurantleiter wird mir

Die Brasserie Les Haras befindet sich im ursprünglichen Pferdestall.

erklären, wie man einen Pferdestall in ein gehobenes Lokal verwandelt. Noch bis 2005 standen hier 40 Pferde der Nationalgarde, bis sie nach Pfaffenhoffen übersiedelt wurden. Das Nationalgestüt hatte zu diesem Zeitpunkt längst an Relevanz verloren. Man muss weiter zurückgehen, um sich die Bedeutung dieses Gestüts auszumalen. Ihre Ursprünge nahmen die *Haras Nationaux*, die französischen Nationalgestüte, unter der Regentschaft Louis XIV. im 17. Jahrhundert. Der *Haras du Strasbourg* wurde ab der Mitte des 18. Jahrhunderts als Nationalgestüt und auch als militärische Reitschule genützt. Nach der Französischen Revolution wurden die Nationalgestüte in Frankreich vorübergehend abgeschafft. Doch unter der Herrschaft Napoleons I., zu Beginn des 19. Jahrhunderts, wurden die militärische Reitschule und das Gestüt wieder eröffnet.

„Als wir das Gebäude vor einigen Jahren zum ersten Mal besichtigten, war es in einem schlechten Zustand", erinnert sich der junge Restaurantmanager. „Es roch modrig. Nach Pferden, nach Urin." Die Stadt Straßburg, als Inhaber des Gebäudes, musste sich nach der Verlegung der Pferde überlegen, wie es künftig genützt werden sollte. Mehrere Projekte wurden eingereicht: Es gab Vorschläge, in den Stallungen wieder Pferde anzusiedeln. Auch eine Hühnerfarm war im Gespräch: Man überlegte, hier das elsässische Huhn *Poule d'Alsace* zu züchten. Letzten Endes entschied sich die Stadt für das Hotel- und Gastronomieprojekt eines finanzkräftigen Investors: Jacques Marescaux ist ein bekannter Chirurg, der 2001 weltweit in den Medien war, als er mittels Telechirurgie von New York aus eine Gallenblasenentfernung an einer Patientin im Straßburger Krankenhaus durchführte. Der Mediziner ist auch Direktor des IRCAD, eines Forschungsinstituts für Krebserkrankungen am Verdauungsapparat, das im Universitätskrankenhaus Straßburg angesiedelt ist – nur wenige Meter vom Pferdegestüt entfernt.

„Warum beschließt ein Spitzenchirurg, ein Hotel zu bauen?", frage ich.

„Über das Jahr hinweg kommen 4.000 internationale Chirurgen zur Fortbildung nach Straßburg", sagt Maxime. „Und die Suche nach einem Hotel war immer schwierig." Wer schon mehrmals in Straßburg Hotels gebucht hat, weiß, dass es große Angebots- und Preisschwankungen gibt, je nachdem, wann man in die Stadt kommt. In den Wochen, in denen das EU-Parlament hier tagt, können Zwei-Sterne-Unterkünfte an der Autobahn so viel kosten wie sonst ein Vier-Sterne-Hotel in der Innenstadt. Ist dann außerdem auch noch touristische Hochsaison, kann es passieren, dass man in der Stadt gar kein Bett bekommt. Im Haras, gleich um die Ecke vom Spital, sollten die Chirurgen immer ein Zimmer finden – ohne allzu große Preisschwankungen. Sie haben im Haras-Hotel Vorrang und reservieren ihre Zimmer während ihrer Seminaraufenthalte schon ein bis zwei Jahre im Voraus.

Die Stadt Strasbourg entschied sich für das wirtschaftlich attraktive Projekt, das Arbeitsplätze in der Stadt schafft: Im Hotel arbeiten zwei Dutzend Mitarbeiter, im Restaurant noch einmal doppelt so viele. Neben dem Restaurant gibt es auch ein drittes Gebäude, das *Biocluster*. Start-ups haben hier ihre Räumlichkeiten. Internationale Wissenschafter arbeiten in den Glasbüros an medizinischen Forschungsprojekten. Zur Einweihung Anfang 2014 speiste sogar der französische Staatspräsident François Hollande im Haras.

„Drei Jahre haben die Umbauarbeiten gedauert. Unter genauester Prüfung des Denkmalamts", sagt Maxime und lenkt meinen Blick auf die Kleinigkeiten, die von den meisten Gästen unbemerkt bleiben: Aus den Wänden ragen auf Kniehöhe Steinpfeiler, die letzten Reste der Pferdeboxen. Die Bar sowie die offene Küche dürfen nicht an die historischen Stallwände grenzen, um die Bausubstanz nicht zu beschädigen. (Selbst im Nebengebäude, wo die Forscher ihre Arbeitsplätze haben, dürfen die einzelnen Büros nicht die ursprünglichen Wände berühren.) Die Köche in ihren weißen Schürzen stehen nicht wie in so vielen anderen Restaurants an Gas-, sondern an Elektroherden. Der Grund dafür ist das viele Holz: Im ausgebauten Dachstuhl sind schwere Holzbalken, hinzu kommt eine beeindruckende spiralförmige Holztreppe, die ein Einfall des französischen Architekten Patrick Jouin war.

Wir steigen die Treppen hinauf. Statt Strohballen stehen unter dem Dach weitere gedeckte Tische. An den Breitseiten dieses „Stadels" hängen große Spiegel, die an die Manege erinnern sollen. Ich kann nicht anders, als an meinen Reitunterricht aus Mädchentagen zu denken, und richte meinen Rücken ganz gerade.

Maxime führt mich hinüber zu einem der beliebtesten Tische im Haus: der Innenarchitekt hat eine Jurte, ein mongolisches Zelt, nachgebaut. Er klopft auf das sattelförmige Lederdach. „Das Leder kommt von der *Tannerie Haas*", sagt Maxime. Und das ist nicht bloß *irgendein* Lederproduzent. Das Unternehmen hat seinen Sitz in Eichhoffen im Elsass und zählt Luxusmarken wie Hermès, Vuitton und Chanel zu seinen Kunden.

Wein im Keller und Leichen auf dem Tisch

Maxime hatte recht: Vom Haras zum Gelände des Hôpital Civil sind es nur wenige Meter. Noch nie zuvor habe ich das Krankenhaus durch diesen westlichen Eingang betreten. Ich bin immer von der Tram-Station Porte d'Hôpital gekommen.

Jetzt aber passiere ich den Schranken am Portal Kirschleger und werde mir zum ersten Mal der Weitläufigkeit dieses 23 Hektar großen Geländes bewusst. Von bisherigen Besuchen wusste ich, dass es sich um eine Stadt in der Stadt handelte. Ich bin aber nie am westlichen Ende gewesen, wo die modernen Gebäude des Nouvel Hôpital Civil seit 2008 in Betrieb sind mit über 7.000 Betten. Wie in einer wirklichen Stadt hat das Krankenhausgelände eine Art Hauptstraße: In Richtung Porte d'Hôpital gehe ich vorbei an der Dermatologie, an der Zahnklinik, bleibe vor dem anatomischen Institut stehen, weil eine Plakette meine Aufmerksamkeit auf sich zieht: Eine Gedenktafel für die 86 jüdischen Nazi-Opfer, die 1942 ermordet wurden. August Hirt, Professor an der Reichsuniversität Straßburg, verfolgte das Ziel, eine Skelettsammlung einzurichten. Eine Absicht, die bisher nicht verwirklicht wurde.

Krankenpfleger eilen über das Gelände; Frauen mit Einkaufskörben, die den Weg durch das Krankenhaus als

Historischer Weinkeller: mehr als nur eine Vinothek

Abkürzung nützen; ein Lieferant im LKW versucht sich durchzuschieben. Vor dem Schranken auf der linken Seite liegt der Eingang zu den historischen Weinkellern. Anders als bei meinem letzten Besuch ist es heute davor still: keine Flaschenanlage, die weiß-goldene Etiketten auf langhalsige, grüne Glasflaschen druckt mit der Aufschrift *Cave Historique des Hospices de Strasbourg*. 30 Winzer haben sich über mehrere Jahrzehnte verpflichtet, einen Anteil ihres Weins hier zu verkaufen. Teile des Erlöses gehen an Kranke. Den historischen Keller betritt man durch ein Holztor an der Hausmauer, zu dem Treppen hinabführen. Bei meinem ersten Besuch musste ich den Portier fragen. In Reiseführern ist dem Keller, wenn überhaupt, nur ein kurzer Absatz gewidmet – ein zu kurzer.

Hinter einem kleinen Kassahäuschen befindet sich ein Verkaufsraum: Weinflaschen mit den kellereigenen Etiketten liegen neben „herkömmlichen" Flaschen. Alles erinnert an eine Vinothek, und viele Touristen, die es schaffen, den Keller zu finden, sind oft enttäuscht. Dabei muss man sich weiter nach hinten wagen, zu dem Gang, in dem sich die riesigen Holzfässer aneinanderreihen. Zuvor aber sollte man ein wenig in die Geschichte eintauchen: Warum ist dieser Keller hier?

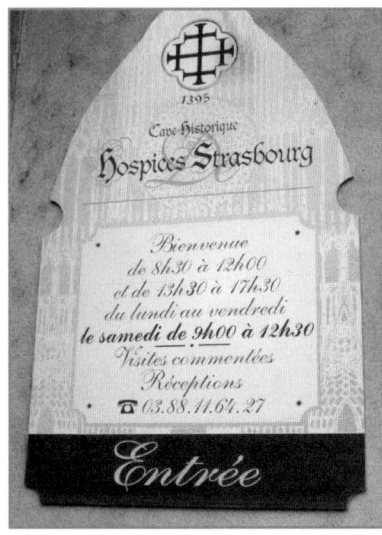

Ein schweres Tor und ein verziertes Schild deuten auf den Eingang.

Der Keller geht auf das späte 14. Jahrhundert zurück und war ursprünglich Vorratsspeicher für die Spitalsküche. Im Laufe der Jahre sammelte das Krankenhaus einen großen Vorrat an Lebensmitteln, aber auch an Weinen an. Denn die Kranken beglichen ihre Spitalsrechnungen mit dem, was sie produzierten. Bauern mit Lebensmitteln und Winzer eben mit Wein. (Es gab so viel Wein, dass die Kranken zu den Mahlzeiten Wein serviert bekamen. Absurd, bedenkt man die sonstigen Bedingungen: Strohbetten und nur begrenzte Waschmöglichkeiten.)

Dieser Keller ist einer der wenigen Teile des historischen Spitals, die einen verheerenden Brand im Jahr 1716 überstanden.

In jüngerer Vergangenheit, während des 20. Jahrhunderts, war der Keller verlassen, seit 1995 sind die historischen Weinkeller für die Öffentlichkeit zugänglich.

Heute werden jene belohnt, die neugierig sind. Hier ist nichts wie in einem Museum aufgebaut: Man tastet sich voran – und findet den größten Schatz: den weltweit ältesten Wein, der in einem Fass gelagert wird.

Heute führt mich Philippe Junger, der Kellerdirektor, nach hinten. Ein freundlicher, gut gelaunter Mann. In den letzten Tagen vor seiner Pensionierung will er mir eine private Führung geben – denn hier im Keller geht es um noch viel mehr als nur um Wein, und zwar auch um Leichen. Das frühere anatomische Theater liegt am östlichen Ende hinter einer verschlossenen Tür.

„Ich hoffe, Sie haben starke Nerven", sagt Philippe. Er spricht Deutsch und ist einer der wenigen Straßburger, denen ich begegnet bin, die heute noch Elsässisch beherrschen. „Es ist gruselig", sagt er, „gespenstisch". Hinter der Tür kommt ein kalter Raum zum Vorschein, an den Wänden große Fächer, in denen heute Weinkisten lagern. „Hier haben bis zu fünf Leichen reingepasst", sagt Philippe. Er wackelt mit Armen und Beinen, als sei er aus Gummi. „Sie wissen, Leichen waren ja blutgeleert und damit ganz beweglich." In der Mitte des anatomischen Theaters wurde seziert, rundherum versammelten sich die Medizinstudenten, beschreibt der Kellerdirektor und zeigt auf ein Bild an der Wand: eine Kopie eines Rembrandt-Gemäldes.

Einer der prominentesten Studenten hier war Johann Wolfgang von Goethe, der ein Jahr lang, zwischen 1770 und 1771, in Straßburg Jus studierte und auch medizinische Vorlesungen belegte. Mitunter wollte er sich selbst therapieren. Goethe

Johann Wolfgang von Goethe lernte im Anatomischen Theater.

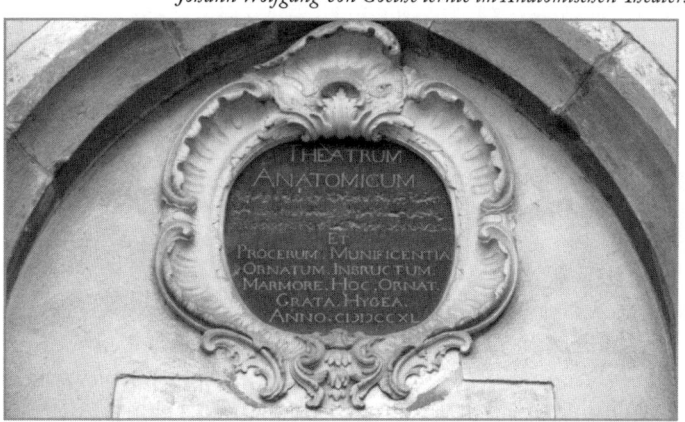

hatte zwei dominierende Ängste: Höhenangst und die Angst vor krank machenden und ekelerregenden Gegenständen, über die er in *Dichtung und Wahrheit* (9. Buch) schreibt.

Philippe führt mich in einen hinteren Bereich, eine Art separaten Gang. „Hier werden unsere besten Flaschen gelagert", sagt er und zeigt auf Kisten, darüber Thermometer und Hygrometer, die anzeigen, dass Raumtemperatur und Luftfeuchtigkeit stimmen. Dieser versteckte Ort hatte früher eine ganz andere Funktion. Im Mittelalter, zur Zeit der Inquisition, war das Sezieren von Leichen strengstens verboten. Nichtsdestotrotz führten mutige Männer anatomische Studien durch. Die Leichen dazu fischten sie aus dem Fluss: Kindes- und Elternmörder wurden, in Säcke eingenäht, von der nahe gelegenen Pont Corbeau in den Fluss geworfen. Philippe zeigt an die Deckenkante an der Straßenseite. „Dort oben war ein Schacht, sie haben die Leichen dort runterrutschen lassen. Gehen wir hinaus, dann zeige ich Ihnen den Spalt."

Wir steigen die Treppen hinauf und holen noch eine Strickjacke aus Philippes Büro. Sein Name steht an der Tür, mit Weinreben verziert: Zwei Jahrzehnte arbeitet er hier, hat den historischen Weinkeller mit aufgebaut, nachdem er zuvor im nahe gelegenen Altersheim als Koch gearbeitet hatte.

Aus dem Nebenraum hören wir metallische Klänge, eine holprige Melodie.

„Ein Orgelschüler." Direkt neben dem Büro – und über dem anatomischen Theater – steht die St.-Erhard-Kapelle, ein schlichtes Gotteshaus, das im Jahr 1530 eingeweiht wurde und auch den Brand im 18. Jahrhundert überlebte. Bis ins 19. Jahrhundert wurde der Innenraum von den Anatomiestudenten genützt.

Draußen angelangt, kommen wir nicht weit: Eine Frau im weißen Apothekerkittel kreuzt unseren Weg. Die Pensionistin Geneviève ist ein Mitglied des Vereins *Amis des Hôpitaux* und gerade auf dem Weg in die alte Spitalsapotheke.

Die Apotheke aus dem 16. Jahrhundert ist ein medizinisches „Gruselkabinett".

Dort stellt sie eine Ausstellung zusammen für den einmal jährlich stattfindenden *Journée du Patrimoine*, den Tag des Denkmals. Geburtenzangen, Gebärstühle, hölzerne Operationstische, furchterregende Zahnarztsessel (mit einer Konstruktion, in der der Kopf festgespannt werden kann) und ganze Vitrinen voll Operationsbesteck. Manche der Gegenstände sind noch aus dem 18. Jahrhundert.

„Die Räumlichkeiten hier in der alten Apotheke sind noch viel älter", sagt Geneviève. Durch enge Gänge führt sie uns in den ältesten Raum im oberen Stock: ein holzgetäfeltes Büro aus dem Jahr 1527, heute ungenützt. Früher war in diesem Trakt die Administration untergebracht, erst im 19. Jahrhundert zog hier die Apotheke ein.

Geneviève setzt sich eine OP-Haube auf, sie möchte sich wieder an die Arbeit machen. Nach gründlichem Händewaschen – immerhin haben wir Geburtenzangen angefasst – verlassen Philippe und ich das Gebäude, um den früheren Leichenschacht zu suchen.

An der Außenwand der Kapelle ist eine Plakette angebracht, die an das anatomische Theater erinnert. Der Schacht befand sich auf der anderen Seite der Kapelle, ist heute aber nicht mehr als ein schmaler, mit Beton gefüllter Schlitz, vor dem Unkraut wächst. Im Laufe der Jahrhunderte und der Renovierungen hat sich die Bodenhöhe verändert und der Schacht ist zugewachsen. Philippe ist noch im Dienst und ich habe noch einiges zu entdecken. Wir beschließen, das Weinverkosten im historischen Keller ein andermal nachzuholen. Er schickt mich auf den Weg, um die Inschrift auf der Pont Corbeau zu suchen.

Johann Fischart
Der Muskateller

Den liebsten Bulen, den ich han
Der liegt beim Wirt im Keller:
Er hat eyn höltzins Röcklin an
Und heißt der Muskateller.
Er hat mich nechten trunken gemacht
Und fröhlich diesen Tag vollpracht,
Drumb geb ich jmeyn gute Nacht.

Von diesem Bulen, den ich mein,
Will ich dir bald eynspringen,
Es ist der allerbeste Wein,
Macht mich lustig zu singen.
Frischt mir das Blut, gibt freien Mut
Als durch sein Krafft und Eygenschaft:
Nun grüss ich dich, mein Rebensafft!

Johann Baptist Fischart war ein frühneuhochdeutscher Schriftsteller, der Mitte des 16. Jahrhunderts in Straßburg geboren wurde.
Aus: Elsaß. Ein literarischer Reisebegleiter. Insel Taschenbuch.

Vom einstigen Leichenschacht ist kaum etwas zu sehen.

Schweitzer, Goethe und der erste Präsident der Bundesrepublik Deutschland

Auf meinem Weg zur Brücke mache ich einen kleinen Abstecher zur gotischen Kirche St. Nicolas, die am gleichnamigen Quai gelegen ist: Ein bekannt gewordener Straßburger war hier in jungen Jahren als Vikar tätig: Albert Schweitzer, der als Mediziner und Philosoph berühmt und 1952 mit dem Friedensnobelpreis ausgezeichnet wurde. Schweitzer war auch Dozent für Theologie an der Straßburger Uni. Hier in der protestantischen St.-Nicolas-Kirche hielt er die Nachmittags- und Kindergottesdienste, führte aber auch Trauungen durch: Im Jahr 1908 vermählte er Theodor Heuss, den späteren ersten Präsidenten der Bundesrepublik Deutschland (1949–1959) mit der Elsässerin Elly Knapp. Während dieser Amtszeit gründete Elly Knapp-Heuss das Muttergenesungswerk: Noch heute ist die Frau an der Seite des jeweils amtierenden deutschen Bundespräsidenten Schirmherrin dieser Organisation.

Die Straßenbahn der Linie A braust an mir vorbei, die Rue de la Division Leclerc hinauf, über die Brücke und in die Stadt. Ich wähle den Weg am Wasser, um zur Corbeau-Brücke zu gelangen: Vor Haus Nr. 18 bleibe ich einen Moment stehen: Hier wohnte einst Sebastian Brant zwischen 1501 und 1521, nachdem er vom Studium in Basel zurückgekehrt war. 1494 wurde dort sein Hauptwerk, eine spätmittelalterliche Moralsatire mit dem Titel „Narrenschiff" veröffentlicht – das erfolgreichste deutschsprachige Buch vor der Reformation.

Ein paar Türen weiter hängt schon ein Schild im Fenster, das das Musée Alsacien (Nr. 23 und 24) markiert. Das Museum wurde 1907 von Gustave Stoskopf ins Leben gerufen, einem Straßburger Künstler, der auch das Théatre Alsacien gründete. Damals war Straßburg unter deutscher Herrschaft und es war Stoskopf und anderen Künstlern ein Anliegen, das Selbstbewusstsein der Elsässer zu unterstreichen und die Traditionen der Region zu präsentieren. Heute sind es Touristen aus allen Ecken der Welt, die Kachelöfen, Nachttöpfe, Pfannen und Geräte bestaunen. Einzigartig an diesem Heimatmuseum sind aber die Kleiekotzer: Holzmasken mit Grimassen, die an den Getreidemühlen angebracht wurden. Beim Mahlen rann Kleie aus ihren Mündern. Diese Holzfiguren sollten auch das Mehl vor bösen Geistern schützen, denn zu dieser Zeit war eine Vergiftung durch den Mutterkornpilz keine Seltenheit.

Ich erreiche die Pont du Corbeau.

Nur wer genau hinsieht, erkennt den Gedenkstein an der Pont du Corbeau.

Die Rue d'Austerlitz zu meiner Rechten spuckt am nördlichen Ende die Touristen aus, die die Brücke überqueren, um von den engen, vollen Gassen auf der Grande-Île verschluckt zu werden. Sie knipsen Fotos, winken den vorbeifahrenden Passagieren auf den Sightseeing-Booten, steuern zielstrebig das Restaurant *Ancienne Douane* (das Alte Zollhaus) an. Manche zieht es auch ins Musée Historique, gleich auf der anderen Seite. Die wenigsten bemerken den Gedenkstein am rechten Rand der Brücke: Hier ist nicht nur vermerkt, dass *hier* Leichen der Kinder- und Elternmörder versenkt wurden, sondern auch, dass die Brücke in der Vergangenheit andere Namen getragen hat: Während der Französischen Revolution hieß sie Pont Rousseau, benannt nach dem Philosophen, der sich mehrmals in der Stadt aufhielt (siehe S. 153).

Ich überquere die Brücke und lege einen Zwischenstopp im neuen Lebensmittelgeschäft *La Nouvelle Douane* ein, in dem Produkte aus der Region verkauft werden. An getrockneten Apfelringen knabbernd, gehe ich die Rue du Vieux Marché aux Poissons entlang und versuche mir vorzustellen, wie es gewesen sein muss, als die Österreicherin Marie Antoinette, nachdem sie auf einer Rheininsel an Frankreich „übergeben" worden war, hier ihren feierlichen Einzug hielt (siehe S. 187).

Heute ist wenig Pracht- und Glanzvolles an dieser Straße. Linker Hand hängen Speisekarten: eine Pizzeria, ein Irish Pub. Rechter Hand ein Chocolatier, ein Kindermodengeschäft, ein paar kleine, ansprechende (wenn auch touristische) Boutiquen, die einen fast die Gedenktafel übersehen lassen: Johann Wolfgang von Goethe wohnte im Haus Nr. 36. Er hatte es also wirklich nicht weit zum anatomischen Theater. In dieser Wohnung schrieb er nicht nur an der Urfassung von *Götz von Berlichingen* sowie an den *Sesenheimer Gedichten*, sondern auch an seiner juristischen Doktorarbeit. Umstritten ist, weshalb die Doktorarbeit nicht bewertet wurde. Quellen besagen, dass sie von der Straßburger Universität nicht angenommen wurde. Goethe selbst hingegen behauptete, der Inhalt sei zu heikel gewesen. Bis heute ist diese akademische Abschlussarbeit unauffindbar.

Etwas weiter die Straße hinauf, bei Nr. 52, liegt das Geburtshaus des Straßburger Dichters und Bildhauers Jean Arp. (Er wurde 1886, also während der deutschen Herrschaft, geboren und hieß zunächst Hans.) Arp war Mitglied der Gruppe *Jüngstes Elsass* und studierte an der *École Superieur des Arts Décoratifs* in der Krutenau (siehe S. 38).

Arp wohnte damit fast direkt am Place Gutenberg, in dessen Mitte eine Statue jenes Mannes steht, der als Erfinder des Buchdrucks bekannt wurde. Johannes Gensfleisch, der richtige Name des in Mainz geborenen Unternehmers, ist weniger bekannt. Die Straßburger rühmen sich oft damit, dass Gutenberg den Buchdruck in Straßburg erfand. Das ist eine „Verknappung" der Geschichte, denn es war nicht der Verdienst eines Einzelnen: Gutenberg arbeitete mit einer Gruppe von Mitarbeitern über Jahre hinweg an der Verwirklichung des Buchdrucks. Der Aufenthalt Johannes Gensfleischs in Straßburg macht die Stadt zu einem wichtigen Zentrum des Buchdrucks.

Zu Weihnachten und Ostern rückt die Statue, die von dem französischen Bildhauer David d'Angers gestaltet wurde, in den Hintergrund: Marktstände mit Brezeln und Spätzle-Pfannen sowie ein Karussell lenken ab. Während solcher Zeiten, wenn es mir zu voll wird, ziehe ich mich gerne in die Rue des Serruriers zurück. In Haus Nr. 29, in einem Saal im ersten Stock, gab der 22-jährige Wolfgang Amadeus Mozart am 17. Oktober 1778 ein Konzert. Heute findet man hier einen kleinen Innenhof mit einem Weinlokal – und daneben den Eingang zum Saal, der den Namen Mozart trägt und für Empfänge und Tagungen gemietet werden kann.

Außergewöhnliche Innenarchitektur in La Brasserie Les Haras

Orte zum Einkehren

La Brasserie Les Haras
23 Rue des Glacières, 03 88 24 00 00, täglich geöffnet
www.les-haras-brasserie.com
Die Brasserie Les Haras ist nicht nur wegen des schmackhaften Essens einen Besuch wert: Das ehemalige Pferdegestüt wurde von Architekten in ein beeindruckendes Restaurant umgestaltet.

Hôtel Les Haras (4*)
23 rue des Glacières, 03 90 20 50 00,
www.les-haras-hotel.com
Angrenzend an die Brasserie Les Haras liegt das ansprechende Hôtel Les Haras. Es empfiehlt sich, hier rechtzeitig zu buchen, da das Hotel gerne von Medizinern des nahe gelegenen Krankenhauses gewählt wird.

Orte zum Vertiefen

Cave Historique des Hospices Civils
*1 Place de l'Hôpital, 03 88 11 64 50, Mo–Fr 8.30–12
und 13.30–17.30, Sa 9–12.30
www.vins-des-hospices-de-strasbourg.fr*

Musée Alsacien
*23–25 Quai Saint-Nicolas, 03 88 52 50 01,
täglich außer Dienstag 10–18
www.musees.strasbourg.eu*

Ein Abstecher zum Münster. Sehen, was die anderen nicht sehen

Bauchmess-Säule statt Waage

Je besser man die Stadt Straßburg kennt, desto weniger hält man sich in ihrem mittelalterlichen Herzen, auf der Grande-Île, auf. Manches Mal passiert es, dass ich die Stadt verlasse, ohne überhaupt am Münster vorbeigekommen zu sein. Beim nächsten Besuch nehme ich mir dann bewusst Zeit, über den Place de la Cathédrale, im Schatten der Kathedrale und ihres 142 Meter hohen Turms, zu spazieren. Und bei jedem Besuch entdecke ich eine Feinheit – eine Figur, eine Balustrade, eine Kreuzblume etwa –, die mir auf den ersten, zweiten, fünften Blick nicht aufgefallen war.

Heute also wage ich mich in die Rue Mercière, die direkt zur Kathedrale führt. Erkennbar ist dies unter anderem daran, dass in fast jeder Auslage Stofftierstörche, Brezel-Schlüsselanhänger und Kougelhopf-Formen zu finden sind. Linker Hand, am Ende der Rue (Ecke Rue Mercière/Place de la Cathédrale), dort, wo die meisten anderen stehen bleiben, um staunend nach oben zur Kathedrale zu blicken, beginne ich, mir Gedanken über meine Figur zu machen, und ziehe den Bauch ein. Werde ich durch den Spalt passen? Besonders viel

Die Büchmesser-Säule: besser als jede Waage

Platz gibt es nicht zwischen der Hauswand und der rötlichen Säule, die das obere Geschoß stützt. Ich nehme den Rucksack ab. Und habe Glück. Ich muss – zumindest der Straßburger Alltagsweisheit nach – nicht auf Diät gehen. Die Säule war früher als *Le Büchmesser* bekannt. Wer nicht hindurchpasste, wusste, dass er lieber eine Weile auf fettes Fleisch und Kougelhopf verzichten sollte.

Bis zum Jahr 2000 hätte ich, für den Fall, dass ich nicht durch den Spalt gepasst hätte, Entschlackungstee in der Apotheke kaufen können. Die *Pharmacie du Cerf* ging auf das Jahr 1260 zurück und war eine der ältesten in ganz Europa. Ob Goethe je seinen Bauch zwischen Säule und Apothekenwand maß? Er nahm in der Pharmacie an Chemievorlesungen teil und war auch im oberen Stockwerk des Hauses zu Besuch, als sein Schriftstellerkollege Jakob Lenz bei einer literaturbegeisterten Dame, Luise König, wohnte.

Heute lasse ich das Maison Kammerzell (das als schönstes Fachwerkhaus der Stadt gehandelt wird) aus, auch das Tourismusbüro daneben sowie den Haupteingang zur Kathedrale. Es herrscht Hochsaison und zu viel Gedränge: Einzelreisende versuchen, sich einen Weg zwischen der Gruppe, die um eine Reiseleiterin mit Fahne versammelt ist, und einem Keyboard-Spieler zu bahnen. Er kommt von der anderen Seite des Rheins, aus Karlsruhe, und möchte auch auf Straßburger Hochzeiten und Geburtstagen spielen.

Auf der rechten, südlichen Seite der Kirche ist es meist ruhiger, weil hier die freie Fläche größer ist und es keine Souvenirgeschäfte gibt. Nur öffentliche Toiletten, zu denen die Touristen hinunter in einen Keller verschwinden.

Heute aber ist es vor dem Südportal ungewöhnlich laut: Die Schüler des Lycée Fustel de Coulanges haben aus. Das ehemalige Jesuitenkolleg aus dem 18. Jahrhundert ist direkt mit der südlichen Seite des Münsters verbunden. Die jüngeren Schüler eilen schnurstracks über den Place du Château in Richtung

Gruft der Zukunft: Was werden die Archäologen im Jahr 3790 finden?

Rue des Grandes Arcades, vermutlich um dort ihr Taschengeld bei McDonald's oder in den vielen Bäckereien auszugeben. Die älteren gehen es gemütlicher an, zünden sich noch Zigaretten an und blödeln herum. Ich habe ein paar Minuten bis zu meinem nächsten Termin und möchte herausfinden, wie gut sie ihre unmittelbare Umgebung, den Platz vor der Schule, kennen, und frage sie nach der *Gruft der Zukunft*.

Mitte der 90er, als die Schüler noch nicht einmal auf der Welt waren, machte der Straßburger Künstler Raymond Waydelich (siehe S. 174) mit der Aktion *Mutarotnegra* auf sich aufmerksam.

Liest man das Wort „Mutarotnegra" rückwärts, ergibt das „Argentoratum": den römischen Namen der Stadt. Waydelich füllte damals eine Betongruft mit allen möglichen Alltagsobjekten: u. a. mit Kondomen, Getränkedosen und der Schallplatte eines Elsässer Musikers. Die Gruft wurde fest verschlossen und darf erst im Jahr 3790 geöffnet werden.

„Quoi?" *Was?*, antwortet ein Mädchen mit selbst gedrehter Zigarette.

„N'importe quoi!" *Whatever!*, sagt ein Bursche mit Baseballkappe.

Eine der hilfsbereiteren Jugendlichen deutet zum Eingang des Münster-Turms. „Fragen Sie dort an der Kasse. Die kennen sich mit Museen und so aus."

Als ich vor einer Weile das Kunstwerk *Mutarotnegra* suchte, hatte ich dieselbe Idee. Doch die Dame in der kleinen Holzbude konnte mir nicht weiterhelfen. Ich musste selbst den Place du Château Schritt für Schritt abgehen.

Inzwischen weiß ich, dass die schlichte Plakette (der Deckel) zwischen dem Südportal des Münsters und dem Eingang zum gegenüberliegenden Palais Rohan (siehe S. 80) liegt. Ich prüfe, ob die Gruft noch da und fest verschlossen ist, bevor ich ins Musée de l'Œuvre Notre-Dame (Place du Château 3) gehe.

Oft unbemerkt: der Garten des Musée de l'Œuvre Notre-Dame

Wo Straßburgs Geschichte in Stein gemeißelt wird

Das *Musée de l'Œuvre Notre-Dame* wirkt geradezu verlassen. *Nur* ein gutes Dutzend Besucher stellt sich an, um Skulpturen, Glasfenster und Baupläne der Kathedrale zu sehen. Das Museum, das auf Deutsch „Frauenhausmuseum" genannt wird, ging ursprünglich aus den Sammlungen der Münsterbauhütte (Fondation de l'Œuvre Notre-Dame) hervor, heute ist es das Straßburger Museum für die Kunst des Mittelalters und der Renaissance. Die Münsterbauhütte ist eine in Frankreich einzigartige Einrichtung. Sie geht auf das 13. Jahrhundert zurück und wurde gegründet, um Spenden zu sammeln und den Bau der Kathedrale zu ermöglichen. Die Fondation hat bis heute ein spezielles Statut: Sie steht als säkulare Einrichtung unter der Verwaltung der Stadt. In der Gegenwart kümmert sich die Fondation gemeinsam mit der Denkmalschutzbehörde um die Instandhaltung der Kathedrale – eine niemals endende Aufgabe.

Ich werde in den ersten Stock geschickt, um dort auf Sabine Bengel zu warten. Sie ist Kunsthistorikerin bei der Fondation. Lange darf ich nicht verschnaufen in diesem turmartigen Vorzimmer mit holzgeschnitzten Figuren. Sabine Bengel will mir die Werkstätten der Fondation zeigen und führt mich nach unten, ein paar Meter die Rue de Rohan hinunter und dann in eine rechte Seitengasse zu einem unscheinbaren Holzportal. Es könnte ein gewöhnlicher Eingang zu einem Büro oder Wohnhaus sein, hinge nicht die Plakette an der Wand. *Atelier de la Cathédrale*. Es ist das *Entrée du public*: für Schülergruppen oder gelegentliche Führungen, bei denen man hinter die Kulissen blicken kann.

Hinter dem Tor wirkt auf den ersten Blick alles geordnet, fast wie eine Erweiterung des Museums. Heiligenfiguren stehen, geschützt unter kleinen Glasdächern, am Wegrand, dazwischen Feigenbäume, die noch keine Früchte tragen. Weiter hinten dann aber entdecke ich die ersten Anzeichen, dass hier in den Ateliers mit wirklich großen Steinen geklotzt wird: Rosa Sandsteinplatten stapeln sich im Innenhof.

Von den erwarteten Handwerkern, die hier den Heiligenfiguren Nasen und Arme reparieren und an verwitterten Zierelementen meißeln, ist (noch) keine Spur. Zunächst führt Sabine mich in kleine Museumsräume, in denen die Geschichte der Bauhütte aufbereitet wird, danach in ein helles Atelier. Auch hier kein Hämmern: Der junge Mann sitzt vor einem Monitor. Wir treten näher und ich erkenne Diagramme auf dem Bildschirm. Zeichnungen hängen an der Wand, dicke Projektmappen liegen herum. Ich bestaune eine Tabelle, die zeigt, wie viele unterschiedliche Schattierungen Sandstein haben kann. Die Restauration des Münsters ist längst kein reines Handwerk, sondern eine komplexe Materie, für die man technische Zeichner, Statiker, Historiker benötigt.

Bevor ein Projekt – die Teilrestauration eines Bereichs der Kathedrale – begonnen wird, vergehen Jahre: Man plant bis zu 20 Jahre im Voraus, welche Teile der Kathedrale in Angriff genommen werden. Für jede konkrete Restauration werden komplexe Vorstudien angefertigt. Dazu greift man auf

Tausende von Plänen, alten Fotografien und jahrhundertealten Kupferstichen in den Archiven zurück. Wie hat die jeweilige Stelle in den unterschiedlichen Phasen der Kathedrale ausgesehen? Welche Maße sind zu berücksichtigen? Wie hat sich die Oberfläche verändert? Mit welchen Werkzeugen wurde gearbeitet?

Natürlich gibt es auch Situationen, in denen es schneller gehen muss: Wenn eine Figur beschädigt ist, muss sie so schnell wie möglich provisorisch gesichert werden, besonders, wenn sie gefährlich werden könnte. Sabine erzählt, dass einmal, vor einigen Jahrzehnten, eine Figur einen Riss hatte und herunterfiel. Zum Glück ohne jemanden zu verletzen. (Es wird allerdings davor gewarnt, sich bei Sturm direkt neben der Kathedrale aufzuhalten!)

Wir steigen über Schablonen und noch mehr großformatige Zeichnungen, um endlich ins Handwerkeratelier zu gelangen. Noch bevor Sabine die Tür aufschiebt, höre ich Klopf- und Schleifgeräusche (einen Presslufthammer findet man hier nicht). Kurz darauf sehe ich Männer in Arbeitskleidung, die hoch konzentriert an Steinblöcken arbeiten. (Die Fondation restauriert nur Stein. Die Restaurierung von Holz und Glas wird anderweitig vergeben.) 11 Steinmetze und 3 Bildhauer gehören zur Fondation, hinzu kommen Wandergesellen, die hier lernen und arbeiten. In der Mitte des Raums steht ein schlichtes Modell des Vorgängerbaus der heutigen Kathedrale. Es wurde anlässlich der Feierlichkeiten zu „1.000 Jahre Grundsteinlegung des Münsters" angefertigt.

Ich blicke mich um. Wo kommt der Stein her? Draußen im Hof lagert zwar Sandstein, aber niemals genug. Die Fondation hat ein Lager im Gewerbegebiet Meinau, im Süden der Stadt.

Hier werden auch die Kopien von Figuren gelagert sowie die Gipsgusssammlung, die künftigen Bildhauern die Arbeit erleichtern soll.

Sandstein: Der Großteil wird in einem Lager gesammelt.

Ich schaue einem Steinmetz über die Schulter. Er arbeitet an einem Stück Balustrade aus dem 15. Jahrhundert. Bereits in den 1920er-Jahren wurde sie grob restauriert, fast 100 Jahre später ist es wieder Zeit, Witterungsspuren auszubessern. Über 300 Stunden wird er daran arbeiten, sagt er. Danach geht das Stück zum Bildhauer, der sich – wieder mehrere Hundert Stunden lang – mit den Feinheiten beschäftigen wird.

Hinter dem Bildhauer, der am Fenster sitzt, blicke ich hinunter zum Fluss, die Ill. Die Anlegestelle der Sightseeing-Boote liegt direkt unter uns. Keiner der Touristen ahnt, dass über seinem Kopf Geschichte gemeißelt wird.

Die Uhren ticken nach dem Ungerer

Für gewöhnlich sieht die Reihenfolge, in der Besucher das Münster „erkunden" so aus: Zunächst bestaunt man das monumentale Bauwerk von außen, besucht dann den Innenraum, bevor man die 328 Stufen hinauf zur Aussichtsplattform auf 66 Metern Höhe steigt. Vielleicht kann man damit die eigene Höhenangst heilen, wie Goethe es damals bei seinem Straßburgbesuch versuchte.

Hat man die Kathedrale gesehen und den Blick von oben genossen, stellt man sich an, um das Figurenspiel der astronomischen Uhr zu sehen. (Sie ist die dritte in der Geschichte des Münsters, das Uhrwerk stammt aus dem 19. Jahrhundert, siehe unten.) Wer die Apostel wandern sehen möchte, braucht Geduld. Einlass ist schon eine Stunde bevor die Figuren sich zu bewegen beginnen.

Im Gedränge hinaus sind die meisten Besucher so von dem Gesamtkunstwerk – den Planeten, Gestirnen und Figuren – geblendet, dass sie vergessen zu hinterfragen, wer die Uhrmacher waren und wo die früheren Uhren geblieben sind.

Schlägt man im Index eines Straßburg-Reiseführers nach, kann man manches Mal den Eintrag *Schwilgué* finden, den Namen jenes Uhrmachers, der das aktuelle Uhrwerk der

Sammlung Ungerer: 1924 spendeten die Uhrmacher Werke dem Museum.

astronomischen Uhr einbaute. Vielleicht findet man in dem Eintrag zu Schwilgué auch den Namen Ungerer geschrieben: Zwei Brüder der Familie Ungerer traten die Nachfolge von Jean-Baptiste Schwilgué an. Die Horlogerie Ungerer war für viele Jahre ein wichtiger Straßburger Betrieb. Dies wird allzu oft vergessen, wenn man in Straßburg den Namen Ungerer ausspricht. Die meisten denken an den Straßburger Künstler Tomi Ungerer, der Mitte der Fünfziger nach New York ging, um dort mit seinen Karikaturen und Illustrationen zu reüssieren. Tomi ist der Sohn des Uhrmachers Théodore.

Um den Straßburgern – und den Besuchern – die Uhrmacherei zu präsentieren, stellten Alfred und Théodore Ungerer im Jahr 1924 eine Sammlung an Uhrwerken zusammen aus Stücken, die aus dem 14. bis 18. Jahrhundert erhalten sind. Sie befindet sich nur einen Steinwurf von der astronomischen Uhr des Münsters entfernt: im Musée des Arts Décoratifs. Das Museum ist im Palais Rohan untergebracht, gleich gegenüber dem Südportal. Die meisten Besucher kommen hierhin wegen des Gebäudes, das in der ersten Hälfte des 18. Jahrhunderts für die Fürstbischöfe der Stadt gebaut wurde.

Künstler Tomi Ungerer stiftete seine Spielzeugsammlung.

Heute lasse ich die Prunkräume aus, ebenso die Sammlungen an Vasen und Geschirr. Mein letzter Besuch liegt eine Weile zurück, ich frage eine Museumsaufsicht nach dem direkten Weg zur Ungerer-Sammlung. Sie schüttelt den Kopf und möchte mich dann zum Museum *Tomi Ungerer* schicken, das 2008 als erstes öffentliches Museum für einen lebenden Künstler in Frankreich errichtet wurde. Die zweite Aufsicht kennt sich aus: „Folgen Sie mir", sagt sie und führt mich schnellen Schrittes durch die fürstlichen Säle und über Treppen in den ersten Stock.

Im Türrahmen stehend, bemerke ich, dass sie mich zum „falschen" Ungerer-Raum geführt hat: Die Glasvitrinen hier sind mit bunten mechanischen Spielzeugfiguren gefüllt. Wir sind in Saal 22, in dem die Spielzeugsammlung des *Tomi* Ungerer gezeigt wird. 1975 und 1991 spendete der Künstler seine mechanischen Spielzeuge seiner Heimatstadt – aus „zwei guten Gründen", wie er in der Einleitung zu diesem Saal schreibt.

Einerseits folgte ich dem Beispiel meines Vaters, der zu seiner Zeit den Saal der Uhrmacherei und der Astronomie im Rohanschloss gegründet hatte, und dies zum Teil mit den Schenkungen des Hauses Ungerer-Schwilgué.

Andererseits stellte ich fest, dass das Sammeln eine Schrulle ist, die zur fixen Idee wird. Man lebt schließlich in völlig überladenen Räumen. Eine Sammlung vergrößert sich wie ein Krebsgeschwür. Sie erweckt Neid und einen maßlosen Hang zu Besitz. Man glaubt, sie zu besitzen, aber im Grunde ist sie es, die uns besitzt.

Ausgestellt und belebt amüsiert sie, weckt Interesse und regt die Fantasie von Klein und Groß an. Der Schenker aber darf sich etwas darauf einbilden.

Tomi Ungerer

Ich drehe eine Runde durch dieses Spielzeugkabinett, das eigentlich eine Spielzeuggalerie ist. Von hier oben kann man schon auf die Uhrwerke hinunterblicken. Ich bestaune Dampfschiffe mit riesigen Schornsteinen, bunte Flugzeuge und Autos mit filigranen Radspeichen. Viele dieser Exponate kaufte Tomi Ungerer auf Flohmärkten in Amerika und Kanada, die meisten Stücke seiner Sammlung wurden noch vor dem Ersten Weltkrieg produziert.

Die Museumsaufsicht ist verschwunden. Ich kann nach unten zu der Ungerer-Uhrenkollektion gehen, ohne ihren „Fehler" bloßzustellen. Ich bin die einzige Besucherin in diesen zwei Räumen. Kurz stecken zwei Frauen den Kopf herein, scheinen sich aber nicht für Mechanik zu interessieren.

Die ersten vollständig mechanischen Uhren waren in Kirchen zu finden, und zwar bereits im 13. Jahrhundert. Die insgesamt drei astronomischen Uhren im Straßburger Münster galten zu ihrer jeweiligen Zeit als besonders fortschrittlich. Von der allerersten Uhr (1352–1354) ist noch ein Teil erhalten und ausgestellt. Der Hahn gilt als der älteste erhaltene Automat weltweit. (Leider kann niemand dafür gerühmt werden, der Macher der ersten Uhr ist anonym.)

Zur Kollektion gehören auch originale Uhrteile aus dem 15. Jahrhundert.

Die erste Uhr lief Ende des 15. Jahrhunderts nicht mehr und wurde im 16. Jahrhundert ersetzt: Einige Originalteile stehen in der Mitte des Raums. Hier weiß man, wem das Lob gebührt. Ein Mathematiker, Conrad Dasypodius, ein Maler, Tobias Stimmer, und die Uhrmacherbrüder Isaac und Josias Habrecht bauten diese Uhr.

Lange Zeit mussten die mechanischen Uhren mit Gewichten aufgezogen werden. (Diese sind leider hier im Museum nicht zu sehen.) Damit sie nicht gleich nach unten plumpsten, mussten die Erfinder ein verlässliches System entwickeln, das die Gewichte in gleichmäßiger, langsamer Geschwindigkeit nach unten ziehen ließ. Um die Uhren aufzuziehen und richtig zu stellen, richtete man sich nach der Sonnenuhr, eine über Jahrhunderte entwickelte Wissenschaft, die auch die astronomischen Entdeckungen mit einbezog, weshalb die Darstellung der Mondphasen und Gestirne auf den Uhren immer wiederkehrt.

Das Kunstgen der Ungerer-Familie

Tomi Ungerer lebt in Irland und kehrt nur ein paarmal im Jahr nach Straßburg zurück. Andere Mitglieder dieser (großen) Familie leben noch immer in der Stadt, wenngleich sie nicht immer als solche zu erkennen sind, haben sie doch zum Teil inzwischen andere Nachnamen angenommen. Geneviève Boutry hat mich zu einem Kaffee in ihr Wohnzimmer eingeladen, nicht unweit von der Kathedrale und dem Palais Rohan. Sie ist die Enkelin des Uhrmachers Théodore Ungerer, die Nichte des Künstlers Tomi Ungerer. Ich habe mit ihrer Mutter Edith Ungerer schon Bekanntschaft gemacht. Tomi Ungerer schreibt in seiner Autobiografie *Die Gedanken sind frei. Meine Kindheit im Elsass* über seine ältere Schwester.

Da es in diesem Buch nur um die Kindheit der Ungerer-Geschwister geht, bleibt weitgehend unerwähnt, dass nicht nur Tomi, sondern auch Edith künstlerisches Talent hatte. Hätte sie in einer anderen Zeit gelebt und einen anderen Lebensweg gewählt, hätte sie als Künstlerin Erfolg haben können. Sie schloss die École Supérieure des Arts Décoratifs in Straßburg ab (Tomi brach sie ab, um nach Amerika zu gehen) und fertigte schon als junges Mädchen detaillierte Skizzen von Kleidern an. Später gestaltete sie Kostüme für die Straßburger Oper. Zwei

Die Fotografin Geneviève Boutry: Mitglied der Ungerer Familie

ihrer Bilder hängen gleich im Eingangsbereich von Genevièves Wohnung. Auch ein Bild von Théodore ist gerahmt. „Die wenigsten wissen, dass er nicht nur Ingenieur, sondern auch Künstler war", sagt Geneviève über den Großvater, den sie nie kennenlernte. Er starb noch, als ihre Mutter ein Mädchen war.

Statt den Weg der Künstlerin einzuschlagen, wurde Edith Ungerer die Frau eines Piloten und Mutter von neun Kindern. Wegen des Berufs des Vaters wuchs Geneviève mit ihrer Mutter Edith und den acht Geschwistern in der Normandie auf, nahe dem Flughafen Orly.

„Wir hatten eine goldene Kindheit", erinnert sich Geneviève, die Beine übereinandergeschlagen in ihrem Lehnsessel sitzend. Die Mutter habe die Kreativität der Kinder gefördert, erzählt sie. Vielleicht war das der Grund, warum sie Künstlerin geworden ist. Geneviève Boutry ist Fotografin. Auch manche Geschwister haben künstlerische Werdegänge: Eine Schwester malt, die andere schmiedet Schmuck, der Bruder gestaltet Möbel.

Als Genevièves Vater aus gesundheitlichen Gründen das Fliegen aufgeben musste, kehrte man in den 1960er-Jahren ins Elsass zurück. Und der Pilot arbeitete forthin für die Horlogerie Ungerer.

„Die Umstellung war groß", erinnert sich Geneviève. Und das, obwohl die Familie auf das Land zog, in ein Haus der Ungerer-Familie in Barr, 30 Kilometer südlich der Stadt. Mit der Firma lief es schleppend, die Blüte der Uhrmacherei war lange vorbei. Über weite Teile des 20. Jahrhunderts war das Reparieren von Autos die Haupttätigkeit des Unternehmens Ungerer, bevor es Ende der 1980er verkauft wurde.

Fünfzig Jahre nach ihrer Ankunft im Elsass nennt Geneviève die Region ihre Heimat. Vor einigen Jahren überlegte sie, es einem ihrer Geschwister nachzutun und nach Australien auszuwandern. Aber das Elsass ist ihr *Chez Moi*, ihr Zuhause.

In der Heimat fand die Fotografin auch die Motive für ihr jüngstes Projekt *Roux et Rousses*, in dem sie rothaarige Elsässer ablichtete.

„Ich wollte rothaarige Menschen porträtieren. Natürliche Rothaarige, nicht gefärbte", betont Geneviève, die selbst seit 15 Jahren rotes Haar trägt. Rothaarige seien extravagant, sagt sie. „Flamboyant eben."

Die Faszination der Minderheit war es, die sie bei diesem Projekt lockte. Nur zwei Prozent der Franzosen sind von Natur aus rothaarig. Und um diese im Elsass zu finden, wurde sie von der Lokalredaktion der *Dernières Nouvelles d'Alsace* unterstützt. Die Zeitung schaltete einen Aufruf, die Zahl der Antworten war groß.

Entstanden ist ein Band, der die Geschichten und Schicksale der rothaarigen Elsässer erzählt. Als das Buch im Winter 2014 erschien, waren die Porträts in der Librairie Kléber, der großen Buchhandlung am Place Kléber, ausgestellt. In manchen Zeitungsartikeln über die Ausstellung und den Bildband wurde erwähnt, dass sie die Nichte des *großen* Straßburger Künstlers Tomi ist. Geneviève selbst spricht darüber nicht.

Tomi Ungerer
Die Gedanken sind frei (Auszug)

Meine Mutter warf nichts weg. Ich auch nicht. Und so habe ich meine Kinderzeichnungen, meine Tagebücher, Briefe, Schulhefte, Zeugnisse unversehrt wiedergefunden ... Die reizvollsten Dokumente sind jene, die in die Zeit des Zweiten Weltkriegs zurückreichen: la drôle de guerre *– der Sitzkrieg, der Einmarsch der Deutschen, der Colmarer Brückenkopf, die Befreiung, die Befreiung von den Befreiern. Wie gesagt, meine Mutter warf nichts weg, weder meine noch ihre Haare. Nach ihrem Tod habe ich eine Plastiktüte voller Haare gefunden, die sie aus ihrem Kamm gezupft hatte. Bestimmt wollte sie diese in einen Pullover für ihr Nesthäkchen einstricken.*

Ich bin 1931 geboren, war 1940 also neun Jahre alt. Dank meiner Zeichnungen, meiner Notizen kann ich mir das Abenteuer jener Jahre, in dem das Komische ebenso absurd ist wie das Tragische, noch einmal vergegenwärtigen.

Ich bin ein Produkt dieser Zeit.

Es genügt nicht, daß man mit Begabungen auf die Welt kommt; um sich zu entwickeln, braucht ein Samen einen fruchtbaren Boden. Ich hatte das Glück, auf den Beeten eines wohlbestellten Nutzgartens zu landen. Von klein auf wurde ich mit Enthusiasmus dazu ermutigt zu zeichnen und zu schreiben, zu basteln.

Ich war drei Jahre alt, als mein Vater starb. Er ist in Straßburg gestorben und ließ meine Mutter, mich, sein kleines Nesthäkchen Tomerlé, *meine beiden Schwestern Edith und Vivette und meinen Bruder Bernard zurück, die drei Geschwister waren alle mehr als zehn Jahre älter als ich. Als „Neschthockerle" sollte ich von meiner familiären Umgebung profitieren, ich war von „Großen" umgeben, die mich mit ihrer Aufmerksamkeit und Zuneigung überschütteten.*

Aus: Meine Kindheit im Elsaß. Zürich: Diogenes 1999.

Nur wer genau hinsieht, erkennt die vielen Details des Münsters.

Orte zum Einkehren

Bistrot et Chocolat
8 Rue de la Râpe, 03 88 36 39 60. Mo–Fr 11–19, Sa 10–21, So 11–19
www.bistrotetchocolat.net
Verstecktes vegetarisches Bistro in unmittelbarer Nähe zur Kathedrale und den Museen. Am Wochenende auch Brunch-Karte.

Le Rimini
1 Rue des Veaux, 03 88 35 10 43, Di–Fr, So mittags und abends Mo und Sa nur abends.
Nette Pizzeria abseits des Innenstadttrubels, gleich hinter dem Lycée Fustel de Coulanges. Bei Schönwetter kleine Terrasse an der Straßenecke.

Orte zum Vertiefen

Musée de l'Œuvre Notre-Dame
3 Place du Château, 03 88 52 50 00, tägl. 10–18, Mo geschlossen.
www.musees.strasbourg.eu

Musée des Arts Décoratifs
Palais Rohan, 2 Place du Château, 03 88 52 50 08,
täglich außer Dienstag 10–18
www.musees.strasbourg.eu

Straßburger Münster
Place de la Cathédrale, 03 88 21 43 34, täglich 7–11.20 und 12.40–19,
www.cathedrale-strasbourg.fr
Vorführung der astronomischen Uhr täglich ab 12 Uhr (zuerst wird ein Film gezeigt, ab 12.30 wandern die Apostel).

Librairie Internationale Kléber
1 Rue des Francs Bourgeois, 03 88 15 78 88
www.librairie-kleber.com
Große, zentral gelegene Buchhandlung mit gutem Sortiment (Bücher in mehreren Sprachen erhältlich).

Versteckte Perlen im Bahnhofsviertel

Wandeln entlang römischer Zufahrtsstraßen

Bereits bei meinen allerersten Straßburg-Aufenthalten schloss ich die Grand Rue ins Herz. Die Grand Rue ist eine schlichte, nette Fußgängerzone, wie man sie wohl in vielen anderen mittelgroßen französischen Städten finden kann. Hier stöbert man im Plattengeschäft nach vergessenen Klassikern, probiert in einer Boutique einen Rock an, kauft im Supermarkt Milch, beim Bäcker Brot und in dem kleinen Spielzeugladen oder im Teegeschäft ein Geschenk für Familienangehörige.

Obwohl die Grand Rue parallel zum Place Benjamin Zix und der Rue des Dentelles im Stadtteil Petite France, dem touristischen Herzen, verläuft, ist sie weitgehend von Plüsch-Störchen und Kougelhopf-Formen verschont geblieben. Ebenso von großen Touristengruppen: Die meisten Besucher nähern sich vom Wasser aus dem Petite France an oder stolpern von der St.-Thomas-Kirche in das Viertel mit der wohl höchsten Dichte an Fachwerkhäusern hinein.

Inzwischen habe ich so manche Hintergrundgeschichte über die Grand Rue gehört. Etwa, dass der österreichische Außenminister Fürst Metternich im 18. Jahrhundert im Haus Nr. 126 abgestiegen ist, als dieses Haus noch das Hotel *Au Grand Anneau d'Or* war. Heute ist hier ein Bekleidungsgeschäft

Voltaire und Schiller wohnten im Hotel in der Grand Rue.

untergebracht. Ein anderes berühmtes Hotel besteht aber noch in dieser Straße (Nr. 38) – und das hat eine prominente Gästeliste: sowohl Voltaire, Schiller als auch Theodor Fontane übernachteten im heutigen *Hotel Europe*, das früher „Rebstöckel" hieß.

Heute beginne ich meinen Tag mit einer Gemüsesuppe im Bio-Restaurant *PUR etc.* (Nr.122). Eine Stärkung für meinen Spaziergang, der mich in den Westen der Stadt, in das heutige Bahnhofsviertel, führt. Am Ende der Grand Rue überquere ich den Fluss, verlasse damit die Grande-Île, und finde mich in der schmucklosen, fast schmuddeligen Rue du Foubourg National wieder. Es ist kaum zu glauben, dass gerade diese Strecke zu den historisch wichtigsten der Stadt zählt: Während der Römerzeit, als die Siedlung den Namen Argentoratum trug, verlief hier die Hauptstraße hinüber zum Lager im Osten der Grande-Île.

Ich suche nicht nach den Spuren der Römer, viel eher unternehme ich eine Zeitreise ins Mittelalter, eine Straßburger

Blütezeit. Einige wichtige Bauten sind noch erhalten. Fast jede Stadtführung kommt am Alten Zollhaus oder an der Thomaskirche vorbei, die wenigsten hingegen besuchen die Kirche Sainte-Aurélie – obwohl diese zu den ältesten Sakralbauten der Stadt gehört. (Erste Erwähnungen einer Kirche an dieser Stelle gehen auf das frühe 9. Jahrhundert zurück, allerdings mit dem Namen St. Maurice.)

Nachdem die Tram in Richtung Musée d'Art Moderne abgebogen ist, beginnt in der Mitte der Rue du Faubourg National eine Fußgängerzone. In diesem Viertel gibt es keine Gärten, wenige Balkons: Geraucht, gescherzt und gewettet wird auf der Straße. Rapmusik plärrt aus einem Gettoblaster.

Ich ziehe mich in die kleine Seitengasse Rue Martin Bucer zurück, sie führt zu einer Oase, einem lieblichen, kleinen Platz: Fahrräder stehen im Schutz großer Bäume, die wiederum von den gut instand gehaltenen (Fachwerk-)Häusern umringt werden. Ein Foto könnte mit Ansichten von der Grande-Île als Postkartenmotiv konkurrieren.

Hinter dem Platz, der früher das Zentrum des Marktbauern- und Gärtnerviertels bildete, ragt die frisch geweißelte Sainte-Aurélie-Kirche hervor, die nur zu Gottesdiensten geöffnet ist.

Mittwochnachmittag ist keine typische Zeit für Messen. Das Tor ist zu. Noch. Ich warte auf Petra Magne de la Croix, Pfarrerin der Aureliengemeinde, die wenige Minuten später mit dem Fahrrad vorgefahren kommt.

Während sie das Tor aufschließt, erzählt sie mir von Martin Bucer: Es ist kein Zufall, dass die Straße neben der Aurélie-Kirche den Namen des berühmten Predigers trägt, der neben Jakob Sturm die Schlüsselfigur der Reformation in Straßburg war. Er gab in dieser Kirche 1524 sein Debüt als Prediger. (Einige Jahre später, 1530, schrieb unter anderem er die *Confessio Tetrapolitana*, das protestantische Glaubensbekenntnis Straßburgs.)

Der Turm von Ste. Aurélie ist der älteste Teil der Kirche.

Wir betreten die Kirche nicht über den Haupteingang an der Längsseite der Kirche, sondern durch das Tor am südlichen Ende. Der große Raum raubt mir den Atem: Gute 30 Meter ist er lang und 20 Meter breit. Über unseren Köpfen prangt der Balkon: frisches Hellblau, mit goldenen Verzierungen. Dazwischen Gemälde, die die Bibelgeschichte darstellen. Unter den simplen Fenstern, die im Deutsch-Französischen Krieg 1870 zerstört wurden, steht die barocke Kanzel. Namen früherer Kirchendiener sind bei der Renovierung zum Vorschein gekommen unter den geschnitzten Figuren, die die vier Evangelisten darstellen. Darunter ist eine außergewöhnliche Statue eines Pelikans, der seine Jungen nährt.

Petra erzählt mir, dass die heutige Kirche aus dem Jahr 1765 stammt. Sie ersetzte eine kleinere Kirche aus dem 14. Jahrhundert. Die Lampen sind moderner, als man sie für eine Kirche erwarten würde: goldene, geschwungene Arme mit blumenförmigen Glaslampenschirmen, die eher an Jugendstil als an die Zeit Louis XV. erinnern.

Die Pfarrerin blättert in ihren Unterlagen, zeigt mir Fotos der früheren (auch blumenförmigen) Lampen. Sie sucht ein paar Daten heraus, die sie nicht auswendig kann: Erst seit wenigen Jahren ist sie hier *Herrin* im Haus. Als sie ihre Stelle antrat, war die Kirche längst eingerüstet: 13 Jahre lang, von 2001 bis 2014, wurde die Kirche renoviert. Um die Mittel aufzutreiben, verkaufte die evangelische Kirche ein Freizeitheim in den Vogesen.

Bislang hat die Pfarrerin die Gottesdienste in der Sakristei gehalten: Dort ist es wärmer, dort war keine Baustelle.

„Ist da genug Platz?", frage ich.

Die Pfarrerin nickt zunächst stumm, berichtet dann davon, wie die Gemeinde schrumpft: Rund 120 Haushalte gehören der Pfarre Sainte Aurélie an, hochgerechnet sind das etwa 400 Mitglieder. Die wenigsten von ihnen besuchen den Gottesdienst. An Sonntagen kommen gerade einmal zwei Handvoll (älterer) Menschen zusammen. Petra führt mich in den hinteren Raum, in dem schlichte Holzstühle aufgestellt sind. Auf jedem ein Liederbuch, auf einer kleinen Holztafel sind die Liednummern angeschlagen.

„Wer wird den aufwendig renovierten Kirchenraum füllen?", frage ich.

Petra erzählt von den Versuchen der evangelischen Gemeinde in Straßburg, mit dem 21. Jahrhundert mitzuhalten. Jede Kirche soll ihren eigenen Schwerpunkt erhalten. Die Thomaskirche, in der auch Wolfgang Amadeus Mozart spielte und die in jedem Reiseführer steht, wird sich auf den Tourismus fokussieren. Die Kirche St.-Pierre-le-Vieux (am Ende der Grand Rue gelegen) soll die Vitrine des Protestantismus sein. St.-Nicolas wird aufgrund seines charismatischen Pfarrers ein Ort der Begegnung sein.

Und Sainte Aurélie?

Diese geräumige Kirche wird ein Ort der kulturellen Begegnung.

Der hallenartige Hauptraum hat eine gute Akustik. Ein Altar auf Rollen macht es möglich, Musikern in der Mitte des Raumes Platz zu machen. Ich kann mir genau ausmalen, wie hier vier Kammermusiker aufgeigen.

„Wird das Gebäude auch von Schülern genützt?", frage ich. Die Kirche steht im Hof der benachbarten Schule: Heute gibt es keine Verbindung zwischen der konfessionellen Kirche und der weltlichen Schule. Außer dass sie Heizungsrohre, die unter dem Hauptraum verlaufen, teilen. Die wenigsten Kinder in der Schule sind protestantisch oder überhaupt christlich. Das Straßburger Bahnhofsviertel ist von Migranten geprägt, darunter sind viele Muslime.

Petra, die an der Schule den wenigen protestantischen Kindern Religionsunterricht gibt, erzählt von ihren Bemühungen, den Kirchenraum der Schule zur Verfügung zu stellen. Nicht etwa für Gottesdienste oder andere religiöse Veranstaltungen, sondern für ganz allgemeine Schulfestlichkeiten. (Die Schule hat keinen großen Gemeinschaftsraum.) Es brachte Schwierigkeiten mit sich: Manche Eltern stießen sich daran, dass ihre Kinder eine christliche Kirche betraten. Für Integrationsarbeit, für Austausch gibt es in diesem Viertel zu wenig Zeit und Geld.

„Sie wollten noch hinauf zur Glocke, nicht wahr?", fragt Petra.

Beeindruckt von der schlichten Schönheit der Kirche, hatte ich den Glockenturm fast vergessen. Wir betreten den Balkon, drängen uns an der restaurierten Silbermann-Orgel vorbei, um die steilen Treppen hinaufzusteigen. Der romanische Turm ist der älteste Teil der Kirche und stammt noch aus dem 12. Jahrhundert. Im 14. Jahrhundert wurde er aufgestockt und auf dem Weg hinauf kann man noch Spuren der ursprünglichen, kleineren Kirche sehen. Im dritten Stock erkennt man die Erhöhung des Turms an den gotischen Spitzfenstern. Davor hat man Drähte befestigt, um die Tauben fernzuhalten.

Neben der Glocke aus dem Jahr 1410, die als älteste der Stadt gilt, hängen noch zwei weitere. Die einstige Holzaufhängung ist durch Metall ersetzt worden. Alle drei Glocken werden

Die älteste Glocke stammt aus dem Jahr 1410.

über ein Läutwerk der Schwilgué-Manufaktur betrieben, jener Firma, die nach dem Inhaber Jean-Baptiste Schwilgué (1776–1856) von den Ungerer-Brüdern übernommen wurde. (siehe S. 84). Heute ist das Läutwerk elektrisch, früher wurde es noch vom Mesner aufgezogen. (Wer genau hinsieht, wird an der Außenwand der Kirche die Namen der Mesner finden.)

Der Boden knarrt, das Uhrwerk rattert, zieht sich von selbst auf. Würden Tauben auf dem Fensterbrett sitzen, würden sie spätestens jetzt wegfliegen. In wenigen Minuten wird die Glocke läuten – wir gehen hinunter, um unsere Ohren zu schützen.

Château d'Eau: Wasser für die Züge

Ich verlasse die Kirche in Richtung Westen und komme am Place de la Porte Blanche vorbei, einem Platz, den man nachts eher meiden sollte. Ich folge den Autos, die stadtauswärts Richtung Cronenbourg und zur Autobahn fahren. Wüsste ich nicht, dass mich gleich auf der anderen Seite der Gleise ein prächtiges Bauwerk erwartet, würde ich sofort umdrehen. Ansprechend ist die Gegend nicht gerade, mit ihren klotzigen, zu schnell errichteten Wohnbauten und den paar verlassenen Geschäftslokalen.

Auf der anderen Seite der Eisenbahnbrücke werde ich belohnt: Das neu renovierte Château d'Eau sticht geradezu hervor: ein massiver, achteckiger Wasserturm, der 1878 während der deutschen Herrschaft gebaut wurde.

Die Pläne für diesen Turm entwarf Johann Eduard Jacobsthal, der nicht nur den Straßburger Bahnhof gestaltete, sondern auch die Berliner Stadtbahn und die Bahnhöfe Alexanderplatz und Bellevue. Die bedeutende Zeit dieses Wasserturms liegt lange zurück: Ende des 19. Jahrhunderts wurde hier in vier großen Kesseln das Wasser für die Dampflokomotiven gespeichert. Seit den 1940er-Jahren stand das denkmalgeschützte Haus leer, bis Marc Arbogast den Turm im Jahr 2008

Im Wasserturm ist heute das Voodoo-Museum untergebracht.

kaufte und sanierte. Der ehemalige CEO der inzwischen geschlossenen elsässischen Fischer-Brauerei hatte ein untypisches Vorhaben: Er wollte hier in seiner Heimatstadt ein Voodoo-Museum mit Exponaten aus seiner Privatsammlung einrichten.

Voodoo ist eine Religion, mit der ich mich bislang noch nicht beschäftigt habe. Ich habe nicht damit gerechnet, mich hier in Straßburg über Afrika weiterzubilden, aber meine Neugierde zieht mich in das Gebäude. Ich bin außerhalb der Öffnungszeiten hier, sehe aber, dass die Tür geöffnet ist, und trete ein. Im Inneren des Turms ist es kühl und nur das nötigste Licht brennt. Ich höre Stimmen, kann aber nicht ausmachen, woher sie kommen. Die kleine Garderobe ist unbesetzt, ich schlage den Ausstellungskatalog auf.

Eine Frau steht plötzlich hinter mir: „Entschuldigen Sie, das Museum ist geschlossen."

Als ich ihr aber erzähle, dass ich Journalistin bin und nicht bis zum Wochenende bleibe (das Museum hatte bis Anfang 2015 sehr limitierte Öffnungszeiten), bietet sie mir eine Blitzführung an. Sie zieht ein Leintuch, das über eines ihrer Bilder drapiert ist, zur Seite, zeigt mir eine nackte afrikanische Frau, bevor sie mich durch den Turm führt. Geneviève Aïssi wurde 1964 in Benin geboren, dort ist Voodoo eine offizielle Religion.

Auch in Togo, Nigeria und Ghana wird Voodoo praktiziert. Die Künstlerin kennt die Bräuche, wirkt stolz, mir eine knappe Einführung geben zu dürfen: Voodoo sei mehr als die Hollywood-Praktiken, die man aus dem Fernsehen kenne. Puppen, in die man Nadeln steckt, kommen – wenn überhaupt – nur bei den Völkern auf Haiti vor. (Die Voodoo-Religion kam mit den Sklaven nach Amerika.) Vielmehr ist *Vodoo* (die ursprüngliche Schreibweise in Westafrika) eine mehrere Tausend Jahre alte Religion, die das Sichtbare mit dem Unsichtbaren verbindet. Rituale mit Tieropfern und der Glaube an die Wiederbelebung zählen zu den Praktiken.

Geneviève zeigt mir Grabbeigaben und Figuren, zum Beispiel Schädel, die mit Stoffen umwickelt sind, kleine Figuren, die in Flaschenhälsen stecken. Die Masken und Kultobjekte wurden Stück für Stück aus Westafrika gebracht, über Jahrzehnte hat Marc Arbogast sie gesammelt. Im Alter von 21 Jahren war er zum ersten Mal zum Jagen in Westafrika, hat dabei Hunderte Kilometer zu Fuß zurückgelegt, den Spuren von Elefanten und Löwen folgend – und zugleich die Kultur und Religion aufsaugend. Das Interesse für das Magische und für

Der Lift wurde in den Wasserkessel eingebaut.

Kulte hat er schon seit Kindertagen, lese ich im Katalog, den Geneviève mit mir durchblättert. Seine Familie hatte ein Ferienhaus in den Vogesen, nordwestlich von Straßburg. Im Nachbarhaus wohnte eine alte Frau, die mit Kräutern Tiere heilte und der Hexenkräfte nachgesagt wurden. Sie inspirierte den heutigen Museumsbesitzer, seine Doktorarbeit in organischer Chemie zu schreiben und sich in die Alchemie zu vertiefen.

Wir erreichen die oberste Etage: Nur hier oben erkennt man, dass man sich in einem Wasserturm befindet. Einer der vier Wasserkessel ist erhalten, in ihm ist der Lift eingebaut. Er fällt kaum auf, denn der Blick wird auf die bunten, aber nicht gerade freundlichen Figuren gelenkt. Es sind menschengroße Wesen – oder soll ich sie Puppen nennen? – in paillettenverzierten Gewändern. „Die Vorfahren", sagt Geneviève und erzählt von den Ritualen, denen zufolge die Verstorbenen in ihre Heimatgemeinden zurückkehren, um ihre Familien zu besuchen und auf dem Dorfplatz zu tanzen. Geneviève erzählt von ihren Erlebnissen als Kind, als diese Puppen in den Ort kamen. Heute fährt sie selten in ihre Heimat, seit fast 30 Jahren lebt sie in Straßburg. „Niemand weiß, wer in den Kostümen steckt! Es sind die Vorfahren", sagt sie mit ernstem Gesichtsausdruck, der keinen Raum für rationales Nachhaken zulässt. Voodoo ist Glaube.

Geneviève muss noch ihre Bilder fertig abhängen. Wir steigen die Wendeltreppe hinunter, die dicken Steinmauern sind mit Sprüchen und mythischen Wörtern verziert. Ich verlasse den Turm, die Flagge weht vor dem Museum. Ein Mann mit Hund geht vorbei, folgt meinem Blick zur Flagge. Sieht aus, als würde er das Museum zum ersten Mal bemerken.

Fossé des Remparts: Wasser für die Otter

Nach den teils gruseligen Eindrücken und den zwei Stunden in diesem lauten, hochgewachsenen Bahnhofsviertel ist mir nach Natur. Vor den Schildern zur Autobahn stehend, würde man nicht glauben, dass das Grüne so nah liegt – gleich hinter der Rue du Rempart. (In Straßburg kennt man diese Gegend, da sich gegenüber den Zugdepots ein Roma-Lager befindet; eine Räumung wird immer wieder von den Stadtpolitikern thematisiert.)

Fossé des Remparts: Grünoase zwischen Autobahn und Bahnhof

*Spazierpfad vorbei an
den Schrebergärten*

Direkt vor der Autobahnabfahrt geht ein Pfad nach rechts ab: Auch Mann und Hund haben diesen Weg eingeschlagen. Der Vierbeiner pinkelt gegen eine kleine, bedachte Holztafel: *Zone de Loisirs et de Détente* (Ruhe- und Freizeitgebiet) steht in der Mitte, darüber sind bunt geschnitzte Motive: Obst, Gemüse und Gartengeräte.

Hier ist eine der vielen Straßburger Schrebergartensiedlungen (siehe auch S. 172). Der Weg führt zwischen Fluss und Kleingärten hindurch. Und obwohl die Autobahn nur wenige Meter Luftlinie entfernt ist, wird der Lärm in den Hintergrund gedrängt. Stattdessen hört man das Quietschen der Wasserpumpen, das Rauschen der Bewässerungsschläuche, Hundegebell. Etwa 15 Minuten spaziert man diesen Weg entlang, um hinter dem Straßburger Bahnhof herauszukommen. Auf halber Höhe passiert man ein flaches Gebäude, unübersehbar wegen seines roten Sandsteins, seiner Tore und Arkaden, die hinaus zur Rue du Rempart führen. Dieses Bollwerk ist das *Kriegstor de Cronenbourg*, das auch als *Porte de Guerre* bekannt ist. Obwohl es ein wenig an eine römische Befestigungsanlage erinnert, geht es „nur" auf das späte 19. Jahrhundert zurück. Unterirdische Gänge verbanden dieses Kriegstor mit den angrenzenden Festungsgebäuden.

Historisches Bollwerk: das Kriegstor de Cronenbourg

Die Jogger und den Hundehalter zieht es weiter. Ich mache einen Abstecher auf die kleine Brücke, unter der sich bei meinem letzten Besuch Otter eingenistet hatten. Auch heute schwimmt eine pelzige Mutter ihren zwei Kleinen voraus. Ich schaue ihnen beim Schwimmen zu, bevor ich die zweite Hälfte der Kleingartensiedlung abgehe. Am Ende angelangt, erscheint die Straße umso lauter, der Fußgänger- und Radweg, der unter die Gleise zurück Richtung Stadt und Bahnhof führt, umso enger.

Ich habe keinen Zug zu erwischen, muss niemanden auf dem Bahnsteig empfangen – aber in Straßburg ist der Bahnhof des Bahnhofs wegen einen Besuch wert.

Des Kaisers neue Warteräume

Als ich das erste Mal nach Straßburg reiste, kam ich mit dem Zug an. Es war ein bitterkalter Tag, der Himmel war grau und der Vorplatz mit graubraunem Schneematsch bedeckt. So schnell ich konnte, folgte ich den anderen Mützen und Mänteln in Richtung Tram. An diesem ersten Tag fielen mir die Schönheit und die historische Substanz dieses Bahnhofs nicht auf.

Seither bin ich oft an diesem Bahnhof angekommen und wieder abgereist und hatte genügend Zeit ihn aufzusaugen: Vom Bahnhofsvorplatz kommend, erkennt man zunächst nur Glas: Eine riesige Glaskonstruktion zieht sich wie ein großer Schlauch über das Gebäude. (Als Straßburg 2007 an das Netz des Hochgeschwindigkeitszugs TGV angeschlossen wurde, wurde der Bahnhof großflächig umgebaut.) Von drinnen erkennt man die wahre Schönheit des Baus: Die Originalfassade liegt unter dem Glas, unverkennbar im Stil der Neorenaissance. Wie auch der Wasserturm wurde dieser Bahnhof (vom gleichen Architekten) während der deutschen Herrschaft Ende des 19. Jahrhunderts gebaut. Als das Gebäude 1883 nach mehreren Jahren Bautätigkeit eingeweiht wurde, war es eines der ersten öffentlichen Gebäude der preußischen Behörden des Rheinlandes. Die Wichtigkeit des Baus sollte auch im

Majestätischer Bahnhof: Konstruktion aus Stahl und Glas

Innenbereich zum Ausdruck kommen: Riesige Bilder verherrlichten das Reichsland Elsass-Lothringen, zwei große Fresken – Friedrich Barbarossa und Kaiser Wilhelm I. – hingen einander gegenüber. Sie wurden beseitigt, als Straßburg Ende des Ersten Weltkriegs wieder französisch wurde. Heute, umringt von Werbeplakaten und leuchtenden Schriftzügen diverser Coffeeshop-Ketten, braucht man viel Fantasie, um sich den einstigen Bahnhof vorzustellen.

Ich betrete die *Hall Central*. Eilig schieben sich Reisende mit Koffern an mir vorbei – folgen den Schildern zu Gleisen, den Toiletten, dem Infopoint. Unbemerkt bleibt von den meisten das Schild zum *Salon des Voyageurs*. Auf Gleis 1 gelegen, befindet sich ein Schatz, der leider nur den Passagieren der ersten Klasse zugänglich ist. Die Warteräume (vormals: *Salons de l'Empereur*) wurden extra für den Kaiser gebaut, allerdings nie von ihm genützt. Ich habe kein Erste-Klasse-Ticket, doch die freundliche Empfangsdame lässt mich eine schnelle Runde durch die insgesamt drei Räume drehen. Andächtig gehe ich über das perfekt geschliffene Parkett, vorbei an den noch originalen Lederfauteuils. Über dem Kamin hängt noch eine originale Uhr, die Wände sind mit Gold und Holzschnitten verziert, an der Decke hängt ein Luster unter Stuck. (Übrigens: Selbst wenn man nur die Tür zu dieser Lounge aufschiebt, um am Rezeptionsschalter abgewiesen zu werden, bekommt man ein Gefühl für die prachtvollen Räume.)

Ich setze mich vor dem Salon auf eine Bank neben wartende Geschäftsmänner, die aussehen, als trauerten sie Tagen nach, als ihre Firma ihnen noch Fahrkarten in der Premiumklasse kaufte.

Ich lasse meinen Blick schweifen: weg von der veralteten Zuggarnitur, einer Lokalbahn, die ins südliche Elsass fährt, hinauf zur neogotischen Überdachung, die jedem Bahnreisenden – egal welcher Fahrkartenkategorie – das Gefühl gibt, etwas Besonderes zu sein: Dort, wo dieses Glas-Stahl-Dach endet, scheint das Licht heller, fast scheint es, als könne man von hier aus in die ganze Welt hinaus fahren. Es ist auch ein wenig so: Seit 2013 führt die Strecke Paris–Moskau über den Straßburger Bahnhof. Züge fahren von hier nach Stuttgart (von wo aus man nach München, Wien und Budapest reisen kann). Mit dem Zug kommt man (über Mülhausen) auch nach Nizza. Der Bahnhof ist einer der wichtigsten im Osten Frankreichs, ungefähr 75.000 Gäste fahren hier täglich ein und aus.

Auf dem ebenfalls 2007 neu gestalteten Bahnhofsvorplatz drängen sich Kettenhotels der Mittelklasse, die der deutsche Kaiser wohl ungern bei seiner Ankunft gesehen hätte. Spazierwege, Grünflächen und Fahrradabstellplätze geben dem Platz Struktur. Ich steuere die Straßenbahn der Linie C an, um mich auf die Suche nach dem ursprünglichen – dem ersten – Bahnhof der Stadt zu machen.

Les Halles, ein trister Ort, um einzukaufen

Fragt man die Straßburger auf der Straße nach Einkaufsmöglichkeiten in der Stadt, wird man schnell zu *Les Halles* geschickt, am gleichnamigen Platz gelegen. Es handelt sich um ein etwas in die Jahre gekommenes Einkaufszentrum. Wer entspannter shoppen möchte, sollte lieber das Center *Rivetoile* südlich der Grande-Île (und hinter der beeindruckenden neuen Mediathek) aufsuchen.

Die wenigsten, die in Les Halles einkaufen, wissen, dass dieses Einkaufszentrum in den 1970er-Jahren über dem ehemaligen Bahngelände gebaut wurde. Hier befand sich der erste Bahnhof der Stadt, ein alter Kopfbahnhof aus dem Jahr 1854, der das Ende der Zugstrecke Paris–Straßburg bildete. Während der Deutsch-Französischen Kriege wurden große Teile des Bahnhofs zerstört. Nach dem Bau des heutigen Bahnhofs kam der Personenverkehr dort an. In der ersten Hälfte des 20. Jahrhunderts wurde der alte Bahnhof als Markthalle genützt. Zu Fuß sind es vom aktuellen bis zum einstigen Bahnhof etwa zehn (unspektakuläre) Minuten. Mit der Tram sind es zwei Stationen bis zur Station *Les Halles/Ancienne Synagogue*.

An der Ecke, dort wo sich die Straße mit dem Quai Kléber kreuzt, ist eine Mauer mit Schautafeln aufgestellt.

Gedenktafel an die Alte Synagoge, die 1940 zerstört wurde

Hier wird die traurige Geschichte der Alten Synagoge dokumentiert, die zwischen 1898 und 1940 an diesem Platz stand. Sie wurde im September 1940 geplündert und von den Nazis in Brand gesetzt, ein Jahr später wurden die Reste abgerissen. Ich betrachte die großen Schwarz-Weiß-Bilder, die die riesigen Fensterrosen und den Vierungsturm darstellen, während eine Mutter ein Kind mit offenem, schokoladebeschmiertem Mund weiterzieht.

Die Glasdrehtüren ins Einkaufszentrum sind heute kaputt und stehen still. Die Einkaufswütigen drängen sich durch den Eingang der Kette *C&A*, eine Frau, die auf ihr Handy blickt, rennt mich fast um. Ich bin wieder stehen geblieben – in einer Gegend, in der sonst alle in Bewegung scheinen. Kaum jemand hat Zeit, den langen Pfosten, der in einem steilen Winkel 25 Meter in den Himmel ragt, zu betrachten. Einige wenige nehmen die Stange vielleicht en passant wahr, nur die wenigsten richten den Kopf nach oben, um die Frau, die auf der Stange balanciert, zu grüßen: Und wenn sie jemand doch bemerkt, ahnen die wenigsten, dass diese Frauenskulptur in gewisser Weise als Symbol für den Deutsch-Französischen Frieden stehen kann: *Woman Walking to the Sky* ist ein Werk des

US-amerikanischen Künstlers Jonathan Borofsky. Der Mann, der zu dieser Frau gehört und der ebenfalls in den Himmel marschiert, steht in der deutschen Stadt Kassel. Aus der Ferne scheinen sich Mann und Frau kaum zu unterscheiden, der Künstler hat seine Frau in Hosen gekleidet. Nicht aus Emanzipationsgründen und auch nicht, damit niemand auf dem Place des Halles der Dame unter den Rock blicken kann. Er wählte Jeans, nachdem er eine Umfrage unter seinen Freundinnen gemacht hatte, die alle meinten, diese Kleidung wäre ihnen für so einen Aufstieg am liebsten.

Orte zum Einkehren

PUR etc.
122 Grand Rue, 09 83 78 38 79, Mo–Fr 11.30–20.30, So 11–18
www.pur-etc.fr/strasbourg
Gesunde Küche, auch zum Mitnehmen. Bei Schönwetter Terrasse in der Fußgängerzone. Eine weitere Filiale ist auf dem Place St.-Étienne.

Académie de la Bière
17 Rue Adolphe Seyboth, 03 88 22 38 88, Mo–Sa 11–4 Uhr, So 11–0
Tagsüber ein guter Ort, um einen Flammkuchen in entspanntem Ambiente zu essen. Abends freut man sich hier über Musik und eine lange Bierkarte.

Centre Commercial Place des Halles
Mo–Sa 9–20 Uhr,
www.placesdeshalles.com
Zentrales, aber etwas in die Jahre gekommenes Einkaufszentrum in der Innenstadt: Diverse Bekleidungsketten und Snackmöglichkeiten.

Rivetoile
3 Place Dauphine, Mo–Fr 10–20, Sa 9–20
www.rivetoile.com
Gläsernes Shopping-Center südlich der Grande-Île. Deutlich moderner als das Einkaufszentrum Place des Halles. Leicht mit der Tram zu erreichen.

Orte zum Vertiefen

Médiathèque Strasbourg
1 Presqu'île André Malraux, 03 88 60 90 90,
www.mediatheques-cus.fr
Großes Sortiment an internationalen Zeitungen und Zeitschriften im öffentlichen Leseraum

The Bookworm English Bookshop
3 Rue de Pâques, 03 88 32 26 99, Di–Sa 10–19
www.bookworm.fr

Kirche Ste.-Aurélie
Rue Martin Bucer, nur während der Gottesdienste geöffnet

Kirche St.-Pierre-le-Vieux
10 Place Saint Pierre Le Vieux

Château Musée Vodoo
4 Rue de Koenigshoffen
03 88 36 15 03
www.chateau-vodou.com

Ein Spaziergang durch das Quartier Allemand

Friedenssynagoge im friedlichen Park

Ein sonniger Morgen lockt mich hinaus in den *Parc du Contades*. Obwohl diese Grünoase nur zwei Straßen hinter dem Place de la République liegt, kommen die wenigsten Straßburg-Besucher hierhin. Die meisten werden auf dem Place von den Prachtbauten aufgehalten: Das *Théâtre National*, die *Bibliothèque Nationale et Universitaire* und der *Palais du Rhin* – alle sind sie während der wilhelminischen Herrschaft Ende des 19. Jahrhunderts entstanden. An Sommernachmittagen liegen Studenten auf dem Rasen und Mütter sitzen mit ihren Kindern im Gras. Noch ist es zu früh am Tag.

Auch der *Parc du Contades* ist um 10 Uhr morgens fast leer: Ein Rentner liest auf einer Bank die Gratiszeitung *20 Minutes*, etwas weiter den Weg entlang schwingt eine Frau die Arme, wirkt dabei unentschlossen, ob sie meditieren oder Sport machen will. Große Bäume stehen bereit, um Schatten zu spenden, wenn die Mittagshitze kommt. Ich setze mich auf eine Bank neben dem Rondell: Dieser *Kiosque à Musique* stand ursprünglich am Place Broglie (siehe S. 132) und wurde im Jahr 1900 in den Park umgesiedelt. Wer Glück hat, hört hier an lauen Sommerabenden live Jazzmusik.

Mein Magen knurrt und ich weiß, wo ich mir mein Frühstück

Blick von der Haltestelle Parc du Contades auf die Innenstadt

besorgen werde: Das *Café de la Paix* liegt nur zwei, drei Spazierminuten entfernt – im jüdischen Viertel *Quartier Juif*, das gleich neben (= westlich) dem Park beginnt.

Um korrekt zu sein, müsste ich sagen, dass das jüdische Viertel im Park anfängt. Denn hier steht seit 1958 die *Synagoge de la Paix*, quasi der Nachfolgebau der Alten Synagoge bei *Les Halles*, die 1940 von den Nazis zerstört wurde (siehe S. 114). Diese Straßburger Hauptsynagoge mit ihrem breiten Treppenaufgang und dem unübersehbaren sechsarmigen Leuchter an der Fassade ist die zweitgrößte Synagoge in Europa. Dem unwissenden Besucher fällt nicht auf, dass es sich eigentlich um zwei Synagogen handelt, die aschkenasische und die sephardische, die durch einen Mittelbau verbunden werden.

Die beiden Bezeichnungen beziehen sich auf die Herkunft bzw. auf die Familientradition der Juden. *Aschkenasim* sind jene Juden, die ursprünglich mittel- und osteuropäischer Abstammung waren. *Sephardim* sind jene Juden, die ursprünglich aus Südeuropa bzw. den Mittelmeerländern kamen. Im Elsass dominierten lange Zeit die aschkenasischen Juden. Mit der Unabhängigkeit Algeriens in den 1960er-Jahren wurden die dort lebenden sephardischen Juden vertrieben, viele kamen nach Frankreich. Auch dies führte dazu, dass in Straßburg heute die zweitgrößte jüdische Gemeinschaft Frankreichs lebt. Sie hat über 18.000 Mitglieder und macht drei Prozent der Straßburger Bevölkerung aus. (Zum Vergleich: Die jüdische Bevölkerung macht in ganz Frankreich ein Prozent aus.) Wichtiger noch: Anders als in Deutschland oder Österreich sind viele Juden nach dem Zweiten Weltkrieg in ihre Heimat, das Elsass, zurückgekehrt.

Die Juden sind tief mit der Geschichte des Elsass verwoben: Die erste Synagoge in der Stadt gab es im 12. Jahrhundert, das Zentrum der jüdischen Gemeinde lag hinter der Kathedrale – die Straße Rue des Juifs erinnert noch heute daran. Im Laufe der Geschichte hatten die Juden in Straßburg ein bitteres Schicksal: Im Jahr 1349 wurden über 2.000 Juden ermordet, nachdem die Pest in der Stadt ausgebrochen war. Die Juden schienen weniger von der Seuche betroffen zu sein, dies ist vermutlich auf ihre besseren Hygienebedingungen zurückzuführen (z. B. rituelle Waschungen und sofortige Bestattung der Toten). Die damalige Bevölkerung aber beschuldigte sie der Brunnenvergiftung. Nach diesem Pogrom war die jüdische Gemeinde in Straßburg zerschlagen. Das Judentum war fortan ländlich geprägt, Juden durften nur hier arbeiten.

Veränderung kam erst im 18. Jahrhundert: Dank Cerf Beer, einem Geschäftsmann, der sich für die Rechte der Juden einsetzte, besserten sich die Lebensbedingungen für die Juden. Sie durften andere Berufe ergreifen, 1791 wurden die Juden in Frankreich den anderen Bürgern gleichgestellt.

Ich schlendere vorbei an der Synagoge, bemerke die kleinen Kameras, die an den Wänden des Gotteshauses hängen: Sicherheit ist in Zeiten des ständig präsenten Antisemitismus wichtig. Freiwillige Mitglieder der Kultusgemeinde bewachen die Synagogen am Sabbat.

Ich staune jedes Mal wieder, wie stark der Gegensatz zwischen der wuchtigen Synagoge und den vielen Gründerzeithäusern ist, die sich entlang der Nachbarstraßen reihen.

Die Straßburger Hauptsynagoge am Rand des Parc du Contades

Blumen schmücken die hohen Fenster, abgerundete Portale und Stahleisengitter im Art-nouveau-Stil sind keine Seltenheit. Die Häuser hier sind Ende des 19. Jahrhunderts für die deutschen Beamten des Kaisers entstanden.

„Eine Ironie der Geschichte will es, dass gerade im ‚Quartier Allemand', wo früher Kaiser Wilhelms Beamte wohnten, nun die Juden in großer Zahl eingezogen sind", schrieb die in Straßburg lebende jüdische Schriftstellerin Barbara Honigmann in ihrem Roman „Damals, dann und danach" treffend.

In der Rue Strauss Durkheim kommen mir Schuljungen entgegen. Fast alle tragen eine Kippa am Kopf und ich bin einen Moment lang verdutzt, denn es ist ein Anblick, den man in anderen Städten Europas selten sieht. Hier ist es eine Selbstverständlichkeit, die sich in Kopfbedeckungen in den buntesten Farben ausdrückt.

Der Andrang im *Café de la Paix* ist groß, die Schüler stehen bis hinaus auf die Straße. Vom Laugengebäck bis zum Plunder ist hier alles koscher. Als ich nachfrage, zeigt der Cafébetreiber auf die Urkunde, die über der Kaffeemaschine hängt. Einmal im Jahr werden die Betriebe, die sich als koscher ausgeben, vom *Beth-Din De Strasbourg*, dem Straßburger Rabbinatsgericht, geprüft. Ich setze mich an einen Tisch am Gehsteig und betrachte das Treiben. Dieser Stadtteil ist für mich der friedlichste in Straßburg, stundenlang könnte ich hier sitzen und den Kindern, die neben ihren Müttern auf Dreirädern treten, zusehen. Könnte ewig den Männern am Nebentisch lauschen. Sie sprechen Französisch. „Spricht man hier auch Jiddisch?", frage ich. Sie schütteln den Kopf. Französisch ist die Muttersprache, viele haben Hebräisch in der Schule gelernt oder lernen es in den jüdischen Einrichtungen. Eine ältere Frau mit grauen Locken mischt sich in unser Gespräch: „Ich spreche Jiddisch", sagt sie. Sie sei mit Elsässisch und Jiddisch aufgewachsen, zwei Sprachen, die einander nah sind – und beide sind vom Aussterben bedroht.

Das *Café de la Paix* ist längst nicht das einzige koschere Lokal im Viertel: Gleich in der nächsten Parallelstraße sind eine Teestube und eine Bäckerei, die zumindest koscheres Brot verkauft. Mein nächstes Ziel ist der kleine Supermarkt *Espace Cacher Buchinger* in der Rue Sellénick. Ich ernähre mich nicht koscher, aber ich möchte mir hier einen Zylinder *Pringles*-Chips mit Honig-Senf-Geschmack kaufen. Ich habe diese Geschmacksrichtung noch nirgendwo anders in der Stadt gesehen.

Eine Glocke läutet, als ich das Geschäft betrete. Der Verkäufer im Kaufmannskittel blickt auf, ich nicke ihm zu. Zwar ist die Stimmung in diesem Viertel familiär, als Fremde fühlt man sich aber keineswegs unwohl. Inzwischen bin ich auch nicht mehr überfordert: Bei meinem ersten Besuch hatte ich nicht erwartet, auf Regale gefüllt mit Produkten der mir bekannten Marken zu stoßen: links von der Tür *Haribo*-Naschzeug in allen Formen und Farben, *Pringles* in vielen (auch ausgefallenen) Sorten und ganz oben auf dem Regal das Frühstückssortiment von *Kellogg's*. Verwirrt fragte ich damals einen Mann, wo die *koscheren* Produkte seien.

„Toutes les choses!", sagte er auf Französisch. „Alle Produkte sind koscher."

Die Schule ORT im Herzen des jüdischen Viertels

Inzwischen weiß ich, dass viele Firmen eigens koschere Linien produzieren und auf welche Symbole man auf der Packungsrückseite achten muss: International bekannt ist das U in einem Kreis, das bezeugt, dass sich der Hersteller an jüdische Speise- und Herstellungsregelungen hält. Der Verkäufer erklärte mir, dass ein Großteil seiner Produkte aus koscheren Fabriken in Spanien und England kommt. Die nicht industriell angefertigten Speisen kommen auch aus dem Elsass.

Als ich das Geschäft verlasse, ist gerade Pausenzeit in der Schule ORT. Eine Traube bildet sich vor dem Tor, manche Schüler tragen die Kippa, nicht alle.

Die Schule war früher nur jüdischen Kindern zugänglich, heute nimmt sie alle Konfessionen an. Es gibt allerdings noch eine Schule in der Stadt, die nur jüdischen Kindern offensteht. Brigitte Kahn kennt viele der Kinder jüdischen Glaubens. Sie leitet die Organisation *Regards d'Enfants*, die sich mitunter um den Austausch zwischen den Glaubensgemeinschaften bemüht.

„Wir sind hier kein Getto", betont Brigitte. Und auch wenn es zunächst nicht so scheint, weil man als Besucher eben auf den Rabbi und die Buben mit Kippa achtet, sind rund 40 Prozent der Bewohner dieser Gegend nicht jüdisch.

Ich selbst habe das jüdische Viertel eher zufällig entdeckt, als ich auf den Spuren des Straßburger Jugendstils war: Gleich in der Rue du Général Rapp, einer Nebenstraße der Rue Sellénick, steht das *Ägyptische Haus*, das 1904/05 gebaut wurde. Mit der Fassade, die einen Ägypter und viele Fächer zeigt, ist das Haus äußerst fotogen und ein Prachtbeispiel für Art nouveau mit orientalischem Einfluss. Viel schlichter erscheint da das benachbarte *Palais des Fêtes* am unteren Ende der Rue Sellénick. Dieser Festsaal wurde ursprünglich für den Straßburger Männergesangsverein errichtet. Er behauste aber auch politische Einrichtungen: 1912 wurde hier die Elsässische Fortschrittspartei gegründet, die sich für mehr Autonomie der Region Elsass-Lothringen starkmachte. Später, in den 30er-Jahren, gab es sozialistische und kommunistische Protestveranstaltungen in diesem Haus.

Schlichtes Jugendstil-Beispiel: das Palais des Fêtes

Ein improvisierter Justizpalast

Ich überquere die Avenue des Vosges und schlendere die Rue Finkmatt hinunter. Vielerorts steht geschrieben, dass das jüdische Viertel an der Avenue des Vosges endet. Im Alltag aber lässt sich keine so klare Trennlinie ziehen. Auch zwischen der Avenue des Vosges und dem Quai findet man koschere Restaurants und koschere Geschäfte, jüdische Namen stehen an den Türklingeln. Doch die Zahl der Kippa-Träger wird weniger. Dafür wird es, je näher man dem Wasser kommt, lauter. Der Lärm dringt von der riesigen Baustelle vor mir herüber: Der *Palais de Justice* wird saniert (planmäßig bis 2017). Von dem zwischen 1894 und 1897 errichteten Palast ist derzeit nur die graue Sandsteinfassade zu sehen. Sämtliches Mobiliar und auch die Wandverkleidung wurden abgenommen, sie sollen später wieder eingebaut werden, denn auch sie stehen zum Teil unter Denkmalschutz. Die Verhandlungen finden inzwischen in provisorischen Sälen statt. Zwei Männer lehnen an der neuen Wand, einer raucht, der andere blättert nervös in seinen Unterlagen. Dann wird die Zigarette mit der Schuhspitze ausgedrückt, ich sehe sie drinnen ihre Jacken bei der Security-Kontrolle ablegen.

Weil der majestätische neohellenistische Justizpalast an Glanz verloren hat, wirkt die kuppelförmige Kirche daneben

Generalsanierung: Der Justizpalast wird umgebaut.

umso beeindruckender. Ein junges Paar steht auf den Treppen, blickt verwirrt vom Reiseführer in seiner Hand zum Portal. Das Mädchen sieht mich und kommt auf mich zu.

„Entschuldigen Sie, wissen Sie, ob diese Kirche *St.-Pierre-le-Jeune* ist", fragt sie auf Englisch. Das Bild in ihrem Reiseführer sieht ganz anders aus.

In Straßburg kann auf der Suche nach der jeweils „richtigen" St.-Pierre-Kirche Verwirrung aufkommen. Es gibt mehrere St.-Pierre-Gotteshäuser: Zwei unter dem Namen St.-Pierre-le-Jeune (eine katholisch, eine evangelisch) und zwei unter dem Namen St.-Pierre-le-Vieux. Bei letzterer handelt es sich eher um eine Doppelkirche, die beiden Kirchen sind aneinandergebaut.

Wir – das englische Paar und ich – stehen vor der katholischen St.-Pierre-le-Jeune-Kirche, die im späten 19. Jahrhundert von den Architekten des Justizpalasts (Hartel und Neckelmann) gebaut wurde. Bis dahin hatten sich die beiden Konfessionen die „andere" St.-Pierre-le-Jeune-Kirche auf der gegenüberliegenden Flussseite geteilt. Dafür wurde das Kirchenschiff einfach getrennt: Das Langhaus nützten die Protestanten, der Chor war für die Katholiken bestimmt.

Das Pfarrhaus dieser katholischen Kirche befindet sich in der nahe gelegenen Rue St.-Léon. Eine Straße, in die es sich zu schlendern lohnt: Im üppig verzierten Haus Nr. 5 sitzt unter dem Fenstergiebel ein Elsässer aus Stein auf einem Stoß Bücher. Das Haus wurde für Paul Müller-Simonis gebaut, Gründer des Straßburger Caritasverbands.

„Wenn ihr mir folgt, kann ich euch zur ‚richtigen' St.-Pierre-le-Jeune-Kirche bringen", sage ich den Touristen. Wir gehen vorbei am Justizpalast über die Pont de la Fonderie. Die junge Engländerin möchte an den üppigen violetten Blumen riechen, die in Blumenkästen am Brückengeländer hängen. Sie ist zu abgelenkt, um die Löwenfiguren auf den Pfeilern zu bemerken. Sie sind zu klein geraten. Das ist der Grund, weshalb die Straßburger diese Brücke auch „Pudelbrücke" nennen.

Anstatt, wie eigentlich geplant, die Rue de la Fonderie direkt zum Place Broglie zu nehmen, führe ich nun die Engländer in die Parallelstraße Rue de la Nuée Bleue. Bald stoßen wir rechter Hand auf die Kirche. Ihr Charme geht ein wenig unter angesichts des übervollen Parkplatzes davor.

Das Engländerpaar bedankt sich bei mir und fragt, ob ich noch ein Foto von ihnen machen kann vor dem Hauptportal, das mit Heiligenfiguren geschmückt ist. Um sie nicht zu enttäuschen, verrate ich ihnen nicht, dass es sich um Nachbildungen aus dem 19. Jahrhundert handelt. Die ursprünglichen Figuren wurden während der Französischen Revolution zerstört.

„Vergesst nicht, den Kreuzgang zu besuchen", gebe ich ihnen abschließend als Tipp mit: Im Inneren der St.-Pierre-le-Jeune-Kirche gibt es viele Schätze, sodass die meisten Besucher das Portal auf der nördlichen Seite des Hauptschiffs übersehen. (Oft ist diese Tür geschlossen, denn es wird gebeten, sie zu schließen, wenn man in den Kreuzgang hinausgeht.) Der romanische Kreuzgang (nur eine Seite ist gotisch) ist damit selbst in der Hochsaison eine Ruheoase.

Die Engländer verschwinden hinter der Tür, ich gehe weiter die Straße entlang – bis ich stehen bleibe, um im Schaufenster die Zeitung zu lesen: Die Redaktion der Tageszeitung *Dernières Nouvelles d'Alsace* ist in Haus Nr. 17–21 untergebracht. Das Lokalblatt, das in jedem Kiosk, in jedem Kaffeehaus zu finden ist, wurde 1877 im Reichsland Elsass-Lothringen als gratis deutschsprachige Wochenzeitung *Straßburger Neueste Nachrichten* gegründet. Kurz darauf wurde sie zur kostenpflichten Tageszeitung. 1921, einige Jahre nach dem ersten Weltkrieg, erschien die erste französische Ausgabe. Die meisten Passanten übersehen den Hahn, der über ihren Köpfen an der Hauswand hängt. Er wurde in den 20er-Jahren mit ungeheurer Präzision angefertigt: Der Mechaniker verbrachte Stunden damit, die kleinen Metallfedern zuzuschneiden. Mit einer Kurbel wurde das Krähen des Hahns ausgelöst, wenn mittags die Münsterglocken 12 Uhr schlugen. 1940 wurde der Hahn, ein Symbol für Frankreich, abmontiert und vor den deutschen Besatzern in Sicherheit gebracht.

Dernières Nouvelles d'Alsace: Zeitung der Straßburger

Place Broglie: Wo Musik- und Theatergeschichte geschrieben wurde

Ich erreiche den Place Broglie. Links und rechts ertönt warnendes Läuten der sich nähernden Straßenbahn, ich lasse sie passieren. Der Place Broglie ist neben *Homme de Fer* eine zentrale Haltestelle, die von drei Linien gekreuzt wird (B, C, F).

Viele Nicht-Straßburger haben anfangs Probleme mit diesem Platz: Wie soll man seinen Namen aussprechen. Soll man versuchen, das „g" vor dem „l" zu einem „j" zu machen? Theoretisch müsste man das, ja. Der Platz wurde nach einem gleichnamigen französischen Gouverneur benannt, den man „Broj" aussprach. Doch damals, im 18. Jahrhundert, waren die wenigsten Elsässer der französischen Sprache mächtig, darum sprachen sie den Namen so aus, wie er geschrieben stand. Heute sprechen die Straßburger im Alltag (nur) Französisch, an der „falschen" Aussprache haben sie dennoch festgehalten.

Mittwochs findet auf dem Place Broglie der große Wochenmarkt statt, den gesamten Dezember verschwindet er unter den Hütten des Christkindlmarktes, abends drängen sich Jugendliche um den *Crêpes*-Stand.

Geschichtsträchtiges Haus: Banque de France

Mir ist es lieber, zu kommen, wenn der Platz einigermaßen leer ist, denn nur dann kann man sich vorstellen, welche Bedeutung er früher hatte: Im 19. Jahrhundert bildete er das Zentrum des bürgerlichen Lebens in Straßburg, das Theater, die *Banque de France* und das Rathaus stehen hier. Man muss die Augen schließen und sich die Tramgleise und natürlich auch die Autos wegdenken, muss sich eine baumgesäumte Flaniermeile vorstellen, entlang der Geschäftsmänner in Mänteln und Hüten promenierten.

An der Ecke zur Rue du Dôme liegt das *Café Broglie*. Mit den vielen Bistrotischen, die draußen unter einer Markise stehen, muss ich jedes Mal wieder an einen Pariser Boulevard denken, tritt man aber ein, fühlt man sich, als sei man in ein Wiener Kaffeehaus „gebeamt" worden.

Die wohl berühmteste Adresse auf dem Platz ist jene der *Banque de France* auf der linken Seite des Platzes. Das heutige Gebäude wurde 1925 gebaut und ersetzte drei andere Bauten: In einem davon war bereits früher die *Banque de France* untergebracht, in einem anderen wohnte der erste Bürgermeister Straßburgs, Frédéric de Dietrich. Hier, in seinem Haus, wurde die französische Nationalhymne, die Marseillaise, zum ersten Mal gesungen.

Straßburg ist die Geburtsstadt der „Marseillaise".

Der musikalische Offizier Rouget de Lisle dichtete das Lied in der Nacht zum 26. April 1792.

Es sollte ein motivierendes Kampflied für die im Krieg gegen die Österreicher stehende Rheinarmee sein. Am frühen Morgen sang er es dem Bürgermeister vor. Daraufhin wurde die Hymne in einer Straßburger Druckerei vervielfältigt und sie verbreitete sich in ganz Frankreich. So kam es, dass eine Truppe aus Marseille zu dem Text kam und diesen wenige Jahre später beim Einzug in Paris 1795 sang – und die Hymne „fälschlicherweise" nach ihnen benannt wurde. Nachzulesen ist dieses Ereignis in Stefan Zweigs *Sternstunden der Menschheit*.

De Dietrich hatte es übrigens nicht weit in sein Büro: Das *Alte Rathaus* liegt gleich auf der gegenüberliegenden Seite des Platzes in einem historischen Palais. Es wurde im 18. Jahrhundert für den Grafen Johann Reinhard III von Hanau-Lichtenberg gebaut.

Ich gehe den Platz entlang nach Norden. Am oberen Ende steht das *Théatre Municipal*, das heute das Zuhause des Opernensembles *Opéra National du Rhin* ist. Straßburg blickt auf eine bewegte Theatergeschichte zurück: Während der wilhelminischen Herrschaft gab es in Straßburg eine deutsche Schauspielgruppe des kaiserlichen Theaters, die von den Straßburgern nicht wirklich angenommen wurde. Diese Gruppe wurde aufgelöst, währenddessen aber erlebte das *Théâtre Alsacien*, das elsässische Dialekttheater unter der Leitung des Elsässers Gustave Stoskopf, eine Blütezeit (siehe S. 67). Es besteht heute noch.

Französisches Theater gab es unter der deutschen Herrschaft nur in Form von Gastspielen, die von den Behörden genehmigt (und limitiert) wurden. Als Straßburg nach dem Ersten Weltkrieg französisch wurde, wendete sich das Blatt: Das Theater wurde weitgehend französisch, dafür gab es deutsche Theatergruppen, die zu Gast waren. 1933 brach ein deutsch-französischer Theaterkrieg aus, nachdem eine von den Nazis gleichgeschaltete Theatertruppe in der Stadt auftrat. In der Folge wurden deutsche Theatertruppen verboten. Doch gerade zu dieser Zeit gab es Bedarf an deutschsprachigen Aufführungen: Viele Deutsche waren in die Stadt gekommen, auf der Flucht vor den Nazis. Für kurze Zeit gab es das *Straßburger Theater der Emigranten*.

Oben auf der kleinen Terrasse vor dem Theater ist jeder Tisch belegt. Frauen mit Einkaufstaschen aus luxuriösen Geschäften trinken Sekt, Touristen suchen ihr nächstes Ziel im Reiseführer. Die wenigsten werden über den Kornspeicher lesen, der neben dem Theater liegt. Hier lagerten die Straßburger das Notgetreide für schwere Zeiten, heute wird das Gebäude aus dem 15. Jahrhundert für die Aufbewahrung der Theaterkostüme und -requisiten genützt.

Ein Stück weiter, ganz am Ende des Platzes, höre ich ein Kind rufen: „Mama, ein Monster!" Der Junge zeigt auf einen Brunnen. Er ist zu klein, um den zweigesichtigen Januskopf über dem Becken als solchen zu identifizieren. Dieses Kunstwerk wurde vom Straßburger Künstler Tomi Ungerer entworfen: Der Kopf erinnert an die französischen und deutschen Wurzeln der Elsässer, das Aquädukt darüber an den römischen Ursprung. Ungerer ist engagierter Verfechter der Elsässer Identität: Über seine Verwurzelung kann man in seiner Biografie *Meine Kindheit im Elsaß* lesen (siehe S. 91).

Zum Abschluss ein Tipp: Wer im Advent nach Straßburg kommt, wird dem Christkindlmarkt nicht entkommen: Rund um die Kathedrale wird er aufgebaut und auch auf dem Place Broglie. Nehmen Sie sich eine ruhige Minute, um nachzulesen, wie es früher gewesen ist – als der Christkindlmarkt noch keine Touristenattraktion war:

Elly Heuss-Knapp
Der „Chrischtkindelsmarkt"

Die große Festzeit im Jahresablauf war für unsere Buben ganz wie für uns in der eigenen Kindheit der weihnachtliche „Chrischtkindelsmarkt". Schon am Tag vor der Eröffnung strömten die Schulkinder auf dem großen, lang gestreckten Broglie-Platz zusammen, um zuzugucken, wie die Buden aufgeschlagen wurden. Es hat seinen Reiz, so hinter die Kulissen zu schauen. Zwar empfindet man es fast wie ein Sakrileg, alle die dunklen, schmutzigen Bretter zu sehen, die morgen von Gold- und Silberstoff verkleidet funkeln und schimmern werden. Man nimmt sich vor, die ganze Unordnung und den Schmutz gleich wieder zu vergessen, aber spannend ist es doch, den Aufbau der Buden zu beobachten und die seltsamen groben Reden zu hören, die die Lebkuchenhändler miteinander tauschen.

Die Straßburgerin Elly Heuss-Knapp (1881–1952) war
die Frau des ersten deutschen Bundespräsidenten Theodor Heuss.
Sie heirateten in der Straßburger St.-Nicolas-Kirche (siehe S. 66).
Aus: Ausblick vom Münsterturm. Erinnerungen. Stuttgart: Hohenheim 2008.

Januskopf zur Erinnerung an französische und deutsche Wurzeln

Orte zum Einkehren

Café de la Paix
4 Rue Strauss Durkheim, 03 88 35 68 21,
Mo–Do 7–22, Fr 7–15, So 8–22
Beliebtes Café im jüdischen Viertel: Hier gibt es Frühstück, Lunch-Menüs zum Mitnehmen oder ein Stück Kuchen für zwischendurch.

Espace Cacher Buchinger
Rue Sellénick 20, 03 90 41 18 68, Mo–Do 8–13, 15–19, Fr 8–13.30
Gut sortierter, kleiner Supermarkt, der ausschließlich koschere Produkte anbietet.

Le Tribunal
6 Quai Finkmatt, 03 88 32 68 02, Mo–Fr 7–20
Preiswerte Brasserie am Kai, nur wenige Schritten vom Justizpalast entfernt. Bei den Justizbeamten sehr beliebt.

Café Broglie
1 Rue du Dôme, 03 88 32 08 08, täglich 7–21
www.broglie.fr
Das Interieur erinnert an ein Wiener Kaffeehaus. Auf der Terrasse geht es um sehen und gesehen werden. Der Kaffee hat hier allerdings seinen Preis.

Café de l'Opéra
19 Place Broglie, 03 88 22 98 51, Mo–Mi 8–20, Do–Sa 8–23, So 11–16
www.cafedelopera.fr
Ob vor einer Opernaufführung oder als Kaffeepause zwischendurch: Bei Schönwetter hat man von der Terrasse einen schönen Ausblick auf den Place Broglie.

Place Broglie: eine wichtige Tramhaltestelle in der Innenstadt

Orte zum Vertiefen

St.-Pierre-le-Jeune catholique
Place Charles de Foucauld, 03 88 32 43 19,
Mo–Fr 8.30–19.30, Sa 9–20, So 9–13
www.paroisse-catholique-stpierre.com

St.-Pierre-le-Jeune protestant
Place Saint-Pierre le Jeune, 03 88 32 41 61,
Mo 13–18, Di–Sa 10.30–18, So 14.30–18
Jahreszeitenabhängig. Hinweis: Bitte auf der Homepage prüfen.
www.saintpierrelejeune.org

Neben dem EU-Parlament ist immer Frühling

Auch Anzugträger fahren Tram

Während der Parlamentswoche, wenn die EU-Abgeordneten einmal im Monat statt in Brüssel in Straßburg tagen, tickt die Stadt anders. Die Hotels sind ausgebucht, und bleibt doch ein Zimmer unbelegt, ist der Preis dafür etwa dreimal so hoch wie zu anderen Zeiten. Die Innenstadtrestaurants rund um das Münster sind voll, die Taxis vergriffen und in der Tram der Linie E, die zum Parlament führt, widerfährt mir ein seltsames Erlebnis: Statt wie sonst zwischen Schülern und Kinderwägen eingequetscht zu sein, drückt heute Vormittag mein Bauch gegen einen Rücken in Anzugstoff. Mein Rücken wiederum berührt eine Krawatte, meine Wade ist an einen Handgepäckstrolley gepresst. Rund um mich höre ich ein lautes Gewirr aus den unterschiedlichsten Sprachen: Ich höre Spanisch, Englisch, Italienisch und Polnisch. Es wird mir zu viel. Ich steige an der Haltestelle Lycée Kléber aus, um in die Linie B umzusteigen. Sie bringt mich ohnehin viel näher an mein Ziel, in den Stadtteil Wacken.

Laut Anzeige fährt die nächste Tram erst in 13 Minuten. Ein außergewöhnlich langes Intervall für Straßburg. Aber die Verzögerung ist mir heute willkommen. So bleibt Zeit, den riesigen Place de Bordeaux, der das obere Ende des Quartier Allemand bildet, auf mich wirken zu lassen: die ovale, grüne Verkehrsinsel, daneben ein mächtiger Parkplatz vor dem eckigen *Maison de la Radio*, Sitz des Senders *France 3*. Zugegeben, kein besonders schöner Platz, aber doch ein geschichtsträchtiger: Sein Name geht auf die *Déclaration de Bordeaux* zurück. 1871 protestierten die elsässischen Abgeordneten des französischen Parlaments gegen die Abtretung der Region an das Deutsche Reich. Ich überquere die Straße, schiebe mich auf dem Parkplatz zwischen einem *Citroën* und einem *Peugeot* hindurch, Straßburger Journalisten scheinen französische Kleinwagen zu fahren.

Der Eingang zum Sender *France 3* liegt auf einer anderen Seite des Gebäudes, die Eingänge an dieser Front sind geschlossen. Ich kann also ungestört meine Nase an die Scheibe pressen: Im ersten Stock ziert ein riesiges Mosaik (25 x 6 Meter) den nicht einzusehenden Sendesaal. Es zeigt die Schöpfungsgeschichte nach einer Zeichnung des in den Vogesen geborenen Künstlers Jean Lurçat.

Ich gehe zurück zur Haltestelle. Die Straßenbahn gleitet heran, die breite Schiebetür öffnet sich. In einem fast leeren Waggon fahre ich vorbei am *Palais de la Musique et des Congrès*. Er ist zur Baustelle geworden: Bis 2016 soll das Musik- und Kongresszentrum umgebaut werden.

Etwas weiter vorne biegt die Linie E zum Europaviertel ab, meine Linie B fährt in den Stadtteil Wacken hinein. Gleich hinter der Stelle, an der die Schienen auseinandergehen, liegt das Messegelände, das in den 1930er-Jahren gebaut wurde. Entlang der Rue du Wacken haben sich zahlreiche Banken und Bürogebäude angesiedelt, nicht zu übersehen ist das rot-weiße Logo der Bank *Crédit Mutuel*. Mein nächstes Ziel: Ich habe keinen Termin bei einem Bankberater, werde keine Münzensammlung besuchen – sondern eine Bibliothek.

Zunächst aber muss ich den Schranken passieren. Vor mir wartet eine Gruppe Angestellter, erkennbar an ihren Ausweisen. Sie sprechen über Essen, anscheinend sind sie auf dem Weg in die Kantine.

Als ich vor dem Portier stehe, lehnt er sich aus seinem kleinen Wachhaus:

„Interdit!", sagt er, als er keinen Ausweis auf meiner Jacke sieht. Verboten.

„Ich komme zur *Bibliothèque Alsatique du Crédit Mutuel*."

„Bibliothek?"

Kurz bin ich verunsichert. Es ist mein erster Besuch hier.

Doch der Portier ist bloß schlecht eingeschult worden. Nachdem er sich mit einem Kollegen abgesprochen und von der öffentlich zugänglichen Bibliothek erfahren hat, winkt er mich durch. Anstatt wie die anderen Personen durch den Parkplatz auf die großen, klotzigen Büros zuzugehen, quere ich den gepflegten Rasen rechter Hand und erreiche eine Orangerie, die vor einer eleganten Villa steht. Sieht man genau hin, hebt sich die Fassade vom Rest des Gebäudes ab, als sei sie andernorts abgetragen und hier wieder montiert worden. Das ist auch tatsächlich der Fall.

Diese Fassade zierte das erste *Banque-de-France*-Gebäude in Straßburg, das sich an der nördlichen Seite des Place Broglie befand. Zwar steht noch heute dort die *Banque de France*, aber das Gebäude ist nicht das ursprüngliche (siehe S. 133). Nach 1870, unter deutscher Herrschaft, war hier die Reichsbank, bevor zwischen den beiden Weltkriegen, unter französischer Herrschaft, das neue *Banque-de-France*-Gebäude errichtet wurde. Die historische Fassade drohte zerstört zu werden.

Der Großindustrielle Georges Herrenschmidt fand Gefallen daran. Er kaufte sie und montierte sie auf dieses Gebäude in Wacken. Die *Villa Herrenschmidt* lag in unmittelbarer Nähe zu den Betrieben der Familie: Vom frühen 19. Jahrhundert bis Mitte des 20. Jahrhunderts hielt sie zahlreiche industrielle Gerbereien im Stadtteil Wacken.

Das Hauptportal ist geschlossen, für Besucher führt der Seiteneingang hinauf in den ersten Stock zur *Bibliothèque Alsatique du Crédit Mutuel*.

In der Villa Herrenschmidt lagern wertvolle elsässische Schriften.

Oben angekommen bin ich verwirrt.

Der Raum ist eine Art Lesesaal: Tische, Stühle und nur einige wenige Bücher. Eine Bibliothekarin sitzt am Schreibtisch und grüßt freundlich.

Sie bemerkt meinen verwirrten Blick – und erklärt mir dann das Prinzip.

„Wir sind eine Bibliothek für Recherchen und sammeln Alsatika – Bücher mit Elsassbezug. Wenn Sie ein bestimmtes Buch suchen, kann ich es für Sie ausheben lassen", sagt sie.

Ich erkläre ihr, dass ich mehr aus Neugierde als wegen eines speziellen Buchs hier bin. Nachdem ich gelesen hatte, dass diese Bibliothek über 40.000 Alsatika im Katalog hat, wollte ich unbedingt hierher.

„Wo sind die Bücher?", frage ich.

Hier oben werden nur die Neuerscheinungen ausgestellt, außerdem gibt es ein paar dicke, gebundene periodische Werke und Nachschlagewerke. Die anderen Bücher – Chroniken, Theaterstücke, Kriegstagebücher, seltene Erstausgaben – werden in den Archiven gelagert.

Die Bibliothekarin zieht einen ziegelsteindicken Katalog hervor, zeigt mir Bilder von den ältesten Büchern der

Sammlung: Schriften aus dem 15. Jahrhundert und herrliche Inkunabeln. Dabei erzählt sie von der langen Buchtradition, die das Elsass prägt. Wichtige mittelalterliche Schriften wurden hier geschrieben, wie etwa *Hortus Deliciarum* (Deutsch: Garten der Köstlichkeiten), die erste von einer Frau verfasste Enzyklopädie, oder der *Guta-Sintram-Codex* aus dem 12. Jahrhundert. Die Buchtradition florierte nach der Erfindung des Buchdrucks Mitte des 15. Jahrhunderts durch Johannes Gensfleisch Gutenberg, der sich lange in Straßburg aufhielt (siehe S. 69). In der Folge siedelten sich hier viele Buchdruckereien an.

Der Bibliothekarin scheint es leidzutun, dass sie mir nicht mehr zeigen kann, sie führt mich vorbei an den wenigen Regalen und bleibt vor einer riesigen, wunderschönen Vitrine stehen. Die Ecken sind abgerundet, die oberen Linien geschwungen, dazwischen klare, vertikale Holzunterteilungen und viel Glas. Der Schrank ist ein Prachtbeispiel für ein Jugendstil-Möbelstück und stand Anfang des 20. Jahrhunderts noch in einer renommierten Straßburger Patisserie.

Eine Kollegin kommt aus dem Büro und verabschiedet sich in die Mittagspause. Jetzt, da die Bibliothekarin alleine mit

„Falsche Fassade": Sie gehörte einst der Banque de France.

mir hier ist, öffnet sie die Tür zum Archiv einen Spalt. Kalte Luft weht uns entgegen, an der Wand ein Thermostat, das garantiert, dass die Bücher richtig gelagert werden.

„Wie kamen die Bücher in den Besitz der Bank?", frage ich, während die Bibliothekarin die Regale mit Kurbeln nach vorne und nach hinten bewegt.

Die ursprüngliche Sammlung geht auf einen Straßburger Journalisten zurück, Antoine Gardner (1903–1981), der in seiner Privatbibliothek rund 4.000 Alsatika auf Elsässisch, Deutsch und Französisch gesammelt hatte. Mit zunehmendem Alter suchte er jemanden, der sich seines „Schatzes" annehmen würde. Da seine Nachkommen kein Interesse hatten, übergab er die Bücher in die Hände der *Crédit Mutuel*. Zunächst wurden die Bücher im Ausbildungszentrum Bischenberg etwas außerhalb der Stadt untergebracht. Anfang der 90er fanden sie ein kurzfristiges Zuhause im Hauptgebäude der *Crédit Mutuel* in Wacken, bis 1998 die Bibliothek in der *Villa Herrenschmidt* eröffnete.

Die Bibliothekarin schielt auf die Uhr. Die Bibliothek ist nur bis 12 Uhr für Besucher geöffnet. Wir haben schon zu lange überzogen.

Die Fleischschnecke ist keine neue Weinbergschnecke

Ich bin zum Mittagessen in einer anderen Kantine verabredet. In jener des EU-Parlaments, eine Viertelstunde zu Fuß entfernt. Auf dem Weg dorthin mache ich einen kleinen Abstecher: in ein echtes Straßburger Wirtshaus, das *S'Wacke Hiesel*.

Das Gasthaus liegt gleich neben der Tramstation Wacken, allerdings hinter hohen Hecken versteckt. Vielleicht ist dies der Grund, warum es nur von wenigen aufmerksamen Eurokraten besucht wird, die in ihrer Mittagspause von ihrem gläsernen Palast herüberkommen.

Die Gartenstühle auf der Terrasse sind heute zugeklappt geblieben; während meines Besuchs in der *Villa Herrenschmidt* hat es zu regnen begonnen. Die Gäste, die drinnen sitzen, müssen pünktlich zu *Midi*, um zwölf Uhr, zu Tisch gekommen sein. Die meisten Teller sind leer, Baguette-Endstücke werden in letzte Soßenreste getunkt. Die beiden Tagesgerichte „Hühnerspieß mit Reis" und „Gemüse-Taboulé" sind schon aus. Zugegeben, das sind keine Elsässer Spezialitäten. Aber die Österreicher essen auch nicht jeden Tag Schnitzel, die Italiener nicht jeden Tag Pasta.

Versteckter Gasthaus: „S'Wacke Hiesel" hinter der Tramstation

Ich bin heute nicht zum Essen hier, sondern um mich mit dem Koch zu treffen. Ich melde mich bei einer Kellnerin hinter dem Tresen. Sie zapft *Fischer*-Bier von einer emailverzierten Nostalgie-Anlage, die an die Zeit erinnert, als Fischer noch eine eigenständige elsässische Brasserie war, bevor sie von *Heineken* übernommen wurde.

Die Kellnerin bringt mich an einen Tisch in der Ecke. Von hier aus habe ich einen guten Blick auf die Schiefertafel mit den Saisonspezialitäten: Fleischgerichte und eine verlockende Liste an Nachspeisen. Die „Soupe de Pruneaux avec Glace" lässt mich einen Augenblick lang bereuen, dass ich mich ausgerechnet heute Nachmittag im Parlament verabredet habe.

Binnen weniger Minuten sind die meisten Gäste gegangen. Ein Mann in blaugrauer Schürze kommt in den Gastraum und stellt sich als der Koch Fernand Graff vor. Er weiß, dass ich aus Österreich komme, und spricht Deutsch mit mir. Als einer der Wenigen hat er noch Elsässisch von zu Hause mitbekommen.

Er blättert mit mir die Karte durch: Vorspeisen, Hauptspeisen, Nachspeisen. Und behauptet dabei, kein Gericht lieber als das andere zu kochen.

„Wichtig ist, dass ich mit Zutaten der Saison koche", sagt er. Deswegen die Zwetschkensuppe und die Kürbissuppe auf der Herbstkarte. Für letztere macht er einen seltenen Griff in die exotische Gewürzkiste, verwendet Kreuzkümmel und Kurkuma. Ansonsten aber mag er es bodenständig und simpel, ein wesentliches Merkmal der elsässischen Küche. Auf die Machart und die richtigen Zutaten kommt es an. Täglich werden die Produkte vom Großmarkt im westlichen Stadtteil Cronenbourg geliefert. Je nachdem, was gerade im Angebot ist, versucht Fernand auch weniger bekannte Gerichte wiederzubeleben, zum Beispiel die Fleischschnecke: ein mit Fleisch gefüllter Nudelteig, der zu einer Schnecke gerollt wird. Gerade in den ländlichen Gebieten des Elsass kochte man dieses Gericht früher, um die Reste des Vortags zu verarbeiten.

Seine „Fleischkiechle", eine elsässiche Form der österreichischen „Fleischlaberl", konnten sogar einen prominenten Besucher überzeugen: Tomi Ungerer. Der Illustrator und Grafiker (siehe S. 91) wohnte lange in diesem Viertel und kehrt bei seinen Heimatbesuchen hier ein. – Graff konnte ihn als Stammgast halten. Denn obwohl das *S'Wacke Hiesel* seit 30 Jahren hier ein Traditionsgasthaus ist, kocht Graff hier erst seit eineinhalb Jahren auf, als das Lokal neu übernommen wurde.

Gerade als ich nach Tomi Ungerer fragen will, tritt ein zweiter Mann in die Gaststube. Er ist etwas jünger als Graff, um die 40, hat zurückfrisiertes Haar und eine Sonnenbrille auf dem Kopf. Franck Meunier ist der Betreiber des *S'Wacke Hiesel*, hat zudem noch weitere Gastronomien in der Stadt. (Nicht alle sind auf regionale Küche spezialisiert, etwa *Franky's Diner*, ein Burger-Lokal.)

Trotzdem hat man, wenn man hier isst, das Gefühl, als sei man in einem seit Generationen geführten Familienbetrieb.

Franck begrüßt Fernand mit einem freundlichen „Bonjour, Chef!" und plaudert kurz über das Geschäft. Man merkt ihnen die jahrelange Zusammenarbeit an.

„Zurück zu Tomi Ungerer", sagt Fernand und steht auf.

Die beiden Männer führen mich in ein winziges Zimmer hinter dem Bartresen. Ich habe es bei meinen bisherigen Besuchen nie wahrgenommen. Gleich mehrere Bilder von Ungerer hängen hier. Eines zieht meine Aufmerksamkeit auf sich: Es zeigt eine elsässische Frau – klar erkennbar an ihrer Tracht mit der schleifenartigen Flügelhaube –, die ihre beiden Kinder auf dem Schoß füttert. Das eine trägt deutsche Bundhosen und wird mit Wein gesäugt, das andere eine französische Barett-Mütze und hat eine Schnur Würste im Mund. Der Titel ist selbsterklärend: Das Bild heißt: *L'Alsace entre la France et l'Allemagne* (Das Elsass zwischen Frankreich und Deutschland) und wurde vom Künstler 1997 für eine Ausstellung im deutsch-französischen Kulturinstitut in Karlsruhe angefertigt.

Wir setzen uns wieder an den Ecktisch. Während Fernand mir einen Kaffee macht, erzählt Franck, dass er erst vorgestern mit einem Mitarbeiter von Ungerer gesprochen habe. Der Illustrator wird in wenigen Tagen nach Wacken kommen – und hier zu Abend essen.

Fernand schickt mich auf den Weg mit einem seiner Lieblingsrezepte: für Fleischkiechle. Dabei betont er, dass es sich nicht um Meatballs und auch nicht um Burger handelt. Sondern um Fleischkiechle eben.

FLEISCHKIECHLE FÜR 4 PERSONEN

Zutaten
250 g Rindsfaschiertes
250 g Kalbsfaschiertes
1 kleine Zwiebel, gehackt
1 Knoblauchzehe, gehackt oder zerdrückt
4 Scheiben Honigbrot
20 g gehackte Petersilie
20 g Mehl
Salz, Pfeffer

Zubereitung
Faschiertes mit Zwiebel, Knoblauch, Petersilie und Mehl vermischen. Honigbrot in etwas Suppenbrühe weich werden lassen und zur restlichen Mischung hinzufügen. Salzen, pfeffern und gut durchmischen. Kleine Laibchen formen (etwa 70 Gramm das Stück). Etwas Öl in einer Pfanne erhitzen, Laibchen abbraten und mit Bratkartoffeln und grünem Salat servieren.

Frühling im Herbst

Zeit, noch mehr von Wacken zu entdecken. Das Viertel zwischen dem *S'Wacke Hiesel* und dem südlich gelegenen Place de Bordeaux nennt sich Tivoli und ist von großen Villen geprägt, die den ursprünglichen Charakter dieses Viertels erahnen lassen. Früher, Ende des 19. Jahrhunderts, ließ das Bebauungsgesetz nur diese (schönen) Häuser zu. Die Rue Jean-Jacques Rousseau, die links hinter dem *S'Wacke Hiesel* abgeht, lädt noch heute zum „Villen-Schauen" ein. Zwar sind viele modernisiert worden, recht originalgetreu in ihrem neoklassizistischen Stil geblieben ist die *Villa Voltaire*, Nr. 19 auf der linken Straßenseite. Woher der Name? Das Haus steht an der Stelle des früheren *Château de l'Île-Jars*, das im Besitz der Gräfin von Lützelburg war, eine gute Bekannte des Schriftstellers Voltaire. Er besuchte sie in Straßburg im August 1753. Ursprünglich plante er, nur wenige Tage zu bleiben, am Ende hielt er sich zwei Monate in der Stadt auf. Interessant ist, dass diese Straße ausgerechnet nach seinem Intimfeind Jean-Jacques Rousseau benannt ist. Dieser war 12 Jahre später, im November 1765, in der Stadt.

Am Ende der Straße gelange ich zu einer kleinen Brücke. Zwei Kinder werfen Stöcke in das langsam fließende Wasser, ihre Fahrräder liegen auf der anderen Seite. Es handelt sich um eine Spielstraße oder zumindest eine Straße, in der man langsam fährt, weil man Kinder vermutet, ist man doch mitten in einer Wohnsiedlung. Sieht man genauer hin, fällt auf, dass man nicht in einer herkömmlichen Wohnsiedlung ist. Die Häuser sind alle vom gleichen Typ, zwei unterschiedliche Modelle scheint es zu geben: ein großes und ein kleines, beide mit Fensterläden und apricotfarben gestrichenen Fassaden, die den Gebäuden einen dörflichen Charakter verleihen. (Das liegt daran, dass ländliche Häuser im Stil der 1830er-Jahre Vorbild waren.)

Errichtet wurden diese Häuser in den frühen 1920er-Jahren. Damals stellte die Stadt Straßburg dem Großindustriellen Léon Ungemach 12 Hektar Land zur Verfügung, auf dem dieser die Siedlung *Cité Ungemach* – knapp 140 Häuser – für seine Arbeitskräfte schuf. Ungemach war ein früher Vertreter der Sozialpolitik, mit seiner Siedlung wollte er Wohnen leistbar machen und seinen Arbeitern ermöglichen, ihre Kinder mit einem Garten aufwachsen zu lassen. Die Häuser standen damit jungen Paaren offen, die gesund waren und den Wunsch hatten, Kinder in guten, hygienischen Bedingungen und mit moralischen Werten großzuziehen. Die Siedlung war nicht die einzige Sozialmaßnahme des Unternehmers: Er gewährte seinen Arbeitskräften bezahlten Urlaub, richtete eine Betriebskantine und einen Betriebsarzt ein. Heute sind die Häuser, im direkten Schatten des EU-Parlaments, sehr gefragt. Die Vergabe wird von der Stadt Straßburg geregelt.

Obwohl man hier gelegentlich das Hupen der Limousinen hört, empfinde ich in dieser Siedlung stets ein Gefühl von Geborgenheit. Das mag an den freundlichen Straßennamen liegen: Es gibt eine Erdbeer- und eine Kirschenstraße. Die Anemonen- und die Irisstraße. Selbst wenn jetzt gerade Herbst ist, fühlt man sich hier wie in einem „Bezirk des ewigen Frühlings".

Stephan Balkenhols „Giraffenmann" bewacht das ARTE-Gebäude.

Ich habe noch etwas Zeit, bevor ich in die Press-Bar ins Parlament muss, um mich mit einem befreundeten Korrespondenten zu treffen. Daher beschließe ich, noch eine andere journalistische Arbeitsstätte zu besichtigen: das *ARTE*-Gebäude. Der Sitz des öffentlich-rechtlichen Senders ist am Quai du Chanoine Winterer, mit Blick auf den Ill-Fluss. Vor dem Gebäude steht eine Gruppe Mitarbeiter und raucht. Die Tatsache, dass ich das Gebäude und damit auch sie fotografiere, scheint sie nicht zu stören: Sie sind es gewöhnt, dass Passanten ihre Kameras zücken. Nicht, weil das gläserne Gebäude, das erst 2003 eingeweiht wurde, etwas Besonderes ist, sondern wegen der Figur davor: *Arte* wird vom „Giraffenmann" bewacht. Das bizarre Mischwesen – ein Männerkörper mit Hemd und Hose, dazu ein Giraffenhals und -kopf – ist im Karlsruher Atelier des Künstlers Stephan Balkenhol entstanden.

In der Kantine des EU-Parlaments: Gabel in der einen, Smartphone in der anderen Hand

Fast hätte ich mein Mittagessen im Parlament vergessen. Schnellen Schrittes laufe ich den Kai hinauf, durch die Siedlung hindurch, um zum wuchtigen Glasgebäude zu gelangen. Vor der Zufahrt bleibe ich stehen, um durchzuschnaufen und mir kurz die Haare zu richten. Die meisten, die hier ein und aus gehen, tragen Anzüge, von denen sich die Lanyards – die Halsbänder, an denen die Ausweise baumeln – abheben. (Je nach Funktion haben die Ausweise eine andere Hintergrundfarbe.) Eine Frau stöckelt an mir vorbei. Das Geräusch ihrer Absätze wird von lautem Scheppern über meinem Kopf übertönt. Die Flaggen der 28 EU-Mitgliedsländer schlagen gegen die Fahnenstangen. Vor dem Eingang reihen sich schwarze Limousinen, in einem Mercedes schläft ein Chauffeur. Zwei Wachmänner stehen mit verschränkten Armen vor dem Eingang. Man darf sich davon nicht abschrecken lassen. Der ellipsenförmige Innenhof des Parlaments ist, selbst wenn getagt wird, für die Öffentlichkeit zugängig. (Übrigens: Es lohnt sich, während der Tagungswochen ins EU-Parlament zu kommen, um die „echte" Stimmung zu erleben. Außerdem können Einzelbesucher nur während der Plenartagungen an Führungen teilnehmen, vorausgesetzt, sie melden sich rechtzeitig – zwei, drei Monate im Vorhinein – an.)

Im Innenhof angekommen, kann man nicht anders, als nach oben zu blicken – finde ich. Die Schülerinnen der Besuchergruppe scheinen anderer Meinung. Sie spielen mit ihren Handys, sind weder am Turm noch am Kommentar der Reiseleiterin interessiert. Sie erzählt, dass das Parlament vom Pariser Architektenbüro *Architecture-Studio* geplant und 1999 eröffnet wurde.

Ich steuere den Presse-Eingang an. Nachdem mein Pass kopiert worden ist und ich fotografiert worden bin, wird meine Tasche von den Securityleuten gescannt.

Ich habe gelernt, dass es wichtig ist, sich einen genauen Treffpunkt im Gebäude auszumachen. „Im Café" oder „in der Kantine" reicht nicht, gibt es doch mehrere für die 751 Abgeordneten und ihre Mitarbeiter, die einmal im Monat herkommen.

Mein Ziel ist die Presse-Bar. Anders als der Name vermuten lässt, werden hier die wenigsten Interviews geführt, da es meist zu laut ist.

Wird ein Abgeordneter interviewt, nimmt er den Journalisten oft in ein gesondertes Café mit, das nur für die Politiker und deren Gäste bestimmt ist. Alternativ weicht man in die Büros aus. Jeder Abgeordnete hat hier einen meist winzigen, fast kammerartigen Raum im Turmbereich des Parlaments. Rund 1.100 Büros gibt es auf 17 Stockwerken. In den oberen Gängen rund um den Hauptteil des EU-Parlaments, das nach der Journalistin und Europapolitikerin Louise Weiss (1893–1983) benannt ist, kann man in die Büros und damit den parlamentarischen Mitarbeitern auf den Schreibtisch blicken.

Eine SMS geht ein. Mein Freund schreibt mir, dass er in einem Pressebriefing festhängt und sich verspäten wird. Ich vertreibe mir die Zeit ein wenig auf dem Gang, bestaune die Architektur im Hauptgebäude: Ein Sammelsurium an Gängen, durchbrochen von einer Art Schlucht aus Holz, Glas und

Imposante Glaskomposition: das EU-Parlament

sich rankenden Pflanzen, die mich an einen exotischen Urwald denken lassen. Würden da nicht im Erdgeschoss so viele Menschen herumsausen. Politiker besprechen sich im Gehen mit ihren Mitarbeitern, im kleinen TV-Studio baut ein Kameramann sein Equipment ab. Jeder scheint es eilig zu haben, gleich dürfte eine Abstimmung beginnen – im Plenarsaal, der unter einer riesigen Holzkuppel liegt. Die Decke des Plenarsaals sorgte 2008 für Schlagzeilen, als Teile davon einstürzten, zum Glück war niemand im Saal.

Die Presse- und Besuchertribüne ist im oberen Rang – sodass man die Architektur wie die Politikerköpfe bestaunen kann.

Ich finde einen Platz neben einer Frauengruppe in baltischer Tracht. Viele Besuchergruppen wollen ihre Herkunft hier im Zentrum Europas präsentieren.

Manche Besucher haben Stofftaschen auf dem Schoß, gefüllt mit Infomaterial. Ein italienischer Besucher zeigt seinem Sitznachbarn eine Krawatte mit Europaflaggen-Muster. Er muss sie im Souvenirshop gekauft haben. Einen Moment lang könnte man meinen, dieses 220.000 Quadratmeter große Areal sei ein Kreuzfahrtschiff, nicht ein politischer Arbeitsort.

Das Briefing ist aus. Ebenso die Sandwiches in der Presse-Bar, als wir dort eintreffen. Wir gehen in die Kantine. Lachsfilet, Schnitzel, Salatbüfett, Obst, Kuchen. Über das Angebot kann man nicht klagen, über das Ambiente schon. Die meisten hier essen mit der Gabel in der einen Hand, mit dem Smartphone in der anderen.

Kein Wunder, dass auch mein Journalistenfreund nicht lange Zeit hat.

Sein Telefon läutet, er muss gehen.

Draußen empfinde ich den Herbstwind als erfrischend. Ich quere den Rhein-Marne-Kanal, um zur Tram zu gelangen. Hinter der Haltestelle hebt sich der Europäische Gerichtshof für Menschenrechte hervor, eine Konstruktion des britischen Architekten Richard Rogers, der auch am Pariser *Centre Pompidou* mitwirkte. Auf dem Zaun gegenüber hängen Plakate, Aktivisten haben ihre Zelte am Rand des Kanals aufgebaut. Ein Ehepaar in Wanderschuhen steht vor dem Gebäude und sieht enttäuscht aus, als hätte es sich mehr von diesem Bauwerk erwartet, das eigentlich die Waagschalen der Justitia darstellen soll.

Ich lenke ihren Blick auf ein unbemerktes Kleinod.

„Wussten Sie, dass im Garten ein Stück der Berliner Mauer steht?"

Ich zeige ihnen die vier Betonblöcke im Gras, etwas unterhalb des Eingangs. Einen Teil davon hat der Dresdner Bürgermeister der Stadt geschenkt, seit 1990 sind Dresden und Straßburg Partnerstädte.

Ich würde dem Wanderpaar gerne auch die Gedenkplakette auf der Brücke vor dem Gerichtshof zeigen – eine Erinnerung an die deutsche Widerstandsgruppe *Weiße Rose*.

Doch da fährt schon die Straßenbahn ein und die Intervalle sind heute groß.

Berliner Mauer im Garten des EGMR

Orte zum Einkehren

S'Wacke Hiesel
Place de la Foire Exposition, 03 88 36 64 75,
täglich mittags und abends geöffnet
www.swacke-hiesel.com
Uriges Gasthaus gleich hinter der Tram-Station: Koch Fernand tischt Spezialitäten aus dem Elsass auf. Günstige Mittagsmenüs.

Chez Franchi
8 Avenue Europe, 03 88 36 34 34
Italienisches Restaurant, nur wenige Schritte von den EU-Institutionen entfernt. Während der Parlamentswoche reservieren!

Orte zum Vertiefen

Bibliothèque Alsatique de Crédit Mutuel
34 Rue du Wacken, 03 88 14 72 55, Mi–Fr 9–12 und 13.30–16.30
www.bacm.creditmutuel.fr

Europäisches Parlament
Allée du Printemps, 03 88 17 40 01, Führung nach Voranmeldung
www.europarl.europa.eu

Europäischer Gerichtshof für Menschenrechte
Allée des Droits de l'Homme, 03 88 41 20 18
www.echr.coe.int

*Mit dem Rad
nach Robertsau*

Markttag am Boulevard de la Marne

Straßburg ist grün. Zumindest, wenn es um die Fahrräder geht. Die grünen Leihräder des städtischen Fahrradverleihs *Vélhop* gehören zum Stadtbild wie die futuristischen Trams am Place Broglie und die Touristenboote auf der Ill. Straßburg ist mit seinem gut ausgebauten (flachen) Radwegnetz eine Stadt der Radfahrer.

Wer kein Rad besitzt, der leiht sich eben eins. Für Wochen, Monate, Jahre. Oder, wie in meinem Fall, nur für einen Tag.

In der *Vélhop*-Boutique *Université* zeige ich meinen Ausweis und hinterlege die Kaution – schon wird mir ein grünes Gefährt zur Seite gestellt, die Aushilfe schickt mich mit einem „Bonne journée!" davon.

Ich fahre den Boulevard de la Victoire entlang in Richtung Straßenbahnhaltestelle *Observatoire*, benannt nach der historischen Sternwarte. Ich kann die gewaltige Kuppel aus dem Jahr 1881 sogar durch die Bäume sehen. Sie steht im Botanischen Garten, einer Ruheoase, in der ich schon viele friedliche Stunden verbracht habe. Die Fische beobachtend, an Kräutern riechend oder einfach nur auf einer Bank sitzend. Heute ist mir nicht nach lateinischen Pflanzennamen, auch nicht nach Ruhe. Ich fahre auf den lebendigen Dienstagsmarkt auf dem Boulevard de la Marne, im Herzen des Stadtviertels Quartier des Quinze.

Ort der Ruhe: unter der Markise der Bäckerei Maulbecker

Ich muss ein amüsantes Bild abgeben. Meine Knie reichen mir beim Treten bis an die Brust. Der Sattel ist zu niedrig eingestellt. An der Ecke zum Boulevard Leblois bleibe ich stehen, um ihn zu richten. Ich werde abgelenkt vom Schaufenster hinter mir.

Zwei Aufkleber weisen darauf hin, dass die Bäckerei *Maulbecker* zweimal für ihre *Tarte aux Pommes* ausgezeichnet worden ist. Ich bitte einen Pensionisten, der unter der gelben Markise sitzt, auf mein Fahrrad aufzupassen und schiebe die Tür auf: Der Duft von frisch gebackenem Brot steigt mir in die Nase. Croissants, Mini-Brioches und Pistolets (kleines Weißbrotgebäck) liegen geordnet hinter der Vitrine, auf dem Tresen steht ein mehrarmiger Ständer mit Brezeln. In jeder anderen Stadt wäre davon abzuraten, eine Brezel, die offen „herumhängt", zu kaufen. Man wird von hartem, zähem Gebäck enttäuscht werden. In Straßburg ist das Gegenteil der Fall: Die Brezeln gehen hier auch weg wie die warmen Brezeln, ständig wird nachgebacken. Ich lasse mir zwei einpacken, die *Tarte aux Pommes* esse ich auf der Terrasse und plaudere mit dem alten Mann, der seit Jahren jeden Morgen zum Zeitunglesen hierherkommt.

Von der Bäckerei sind es nur wenige Meter zum Markt, doch ich stecke im „Stau": Frauen mit noch leeren Einkaufstrolleys bleiben am Gehsteig stehen, um sich mit jenen, die bereits am Rückweg sind, über das heutige Angebot auszutauschen. Ich muss einen Umweg nehmen über die ruhigere Parallelstraße Rue Edel.

So komme ich wieder einmal an der *Cité Spach* vorbei, einem unübersehbaren rot-gelben Koloss – einem frühen Beispiel für sozialen Wohnungsbau. Das Gebäude wurde um die Jahrhundertwende (19./20. Jhdt.) vom Architekten Albert Nadler begonnen und einige Jahre später noch erweitert. 100 Wohnungen sollten die Lebensbedingungen der ärmeren Bevölkerung verbessern: Hier hatten sie wenigstens eine Gasheizung und große Fenster, um ausreichend zu lüften. Das Gebäude wurde Vorbild für viele weitere soziale Wohnprojekte. In der Umgebung entstanden damals nicht nur Wohnungen, sondern auch öffentliche Einrichtungen wie Waschküchen, Bäder und Kinderkrippen. Besonders in den 1920er-Jahren prägte soziales Wohnen die politische Agenda Straßburgs. 1923 wurde das „Amt für kostengünstigen Wohnraum" von der Stadtverwaltung ins Leben gerufen. Eine zweite Welle an Sozialbauten folgte in den 1960er-Jahren.

Cité Spach: frühes Beispiel für sozialen Wohnungsbau

Markttag am Boulevard de la Marne

Am Markt angekommen, schiebe ich mein Rad durch die Menge. Der Radständer vor dem schönen Backsteingebäude, der *École de Management de Strasbourg*, ist voll.

Der erste Stand verkauft Smartphone-Hüllen, Flaschenbürsten, Wäscheklammern. Daneben gibt es Büstenhalter und Socken. Dieser Wochenmarkt ist weniger geordnet als jener, der mittwochs auf dem innerstädtischen Place Broglie aufgebaut wird. Dafür ist er authentischer. Es gibt keine Touristen, die begeistert *Boudins Noirs* (Blutwürste) und Blumen fotografieren.

Trotz des bunten Chaos gibt es hier ein System: In der linken Zeile findet man Haushaltswaren, in der rechten die Bauernprodukte aus der Region: Gemüse aus Bischheim, Brot aus Hœnheim. Ich kaufe Münsterkäse und Essiggurken. Und ein halbes Kilo Heidelbeeren.

„Machen Sie einen Ausflug?", fragt die Markthändlerin.

Ich erzähle ihr von meinem heutigen Ziel: dem Schloss *Pourtalès*, am oberen Ende des Viertels Robertsau gelegen.

„Sie sollten unbedingt die Wildpferde besuchen!", sagt sie und erzählt, dass Ende der 8oer-Jahre eine seltene prähistorische Rasse auf einer kleinen Insel in der Nähe des *Parc de Pourtalès* angesiedelt wurde.

Bauern aus der Region bieten ihre Ware an.

Ich schiebe mein Fahrrad weiter. Im hinteren Bereich verändert sich das Angebot: Statt Elsässer Cornichons gibt es Teppiche, libanesisches Fladenbrot, Nüsse, marinierte Oliven, in Honig getränkte orientalische Nachspeisen.

Hinter dem Markt wird es auf dem Boulevard de la Marne ruhiger: Ich fahre vorbei an modernen Villen mit großen Glasfronten und der *Église Saint-Bernard*, einer (fast zu) modernen katholische Kirche aus den frühen 1960er-Jahren mit einem auffallenden achteckigen, schlanken Glockenturm.

Treffpunkt der belesenen Parkbesucher

Ein paar Meter weiter erreiche ich linker Hand einen Park. Es ist die Rückseite des beliebten *Parc de l'Orangerie*. Diese hat aber mit der Vorderseite nichts gemeinsam. Während auf der westlichen Seite, entlang der Avenue de l'Europe, Reisegruppen in den Park strömen und hungrige Kinder sich um die Eiskioske drängen, ist dieses Ende verlassen. Es gibt keine Reisebusse, die meisten Parkplätze und auch die Sitzbänke sind frei. Statt eines Kiosks mit Eis am Stiel gibt es hier eine Holzhütte gefüllt mit Büchern: den *Kiosque à Livres*. Die Straßburger stellen die Bücher, die sie bereits gelesen haben, ins Regal, damit andere sich daran freuen können. Die Auswahl ist heute groß: Marc Levy, Victor Hugo, Ruth Rendell, Hermann Hesse, ein französisch-griechisches Wörterbuch. Erst jetzt fällt mir auf, dass ein Mann neben dem Kiosk steht und einen Stoß Kinderbücher stempelt. Er ist vom Verein, der diese kleine Hütte betreut. Er ordnet die Bücher nach Sprachen und drückt ihnen einen Stempel auf. „Damit die Bücher nicht weiterverkauft werden können", sagt er. Schließlich gibt es dienstags, mittwochs und samstags in der Innenstadt – auf dem Place Kléber und in der Rue des Hallebardes – einen Secondhand-Buchmarkt. Für Profit sind diese Titel hier allerdings nicht gedacht.

„Woher kommen Sie?", fragt der Bibliothekar.
„Aus Wien."
„Ein Zufall!", ruft er und erzählt, dass die Idee, in Straßburg einen Bücherkiosk zu verwirklichen, auf einen Wienbesuch zurückgeht. Einer der Initiatoren hatte dort den „Offenen Bücherschrank" entdeckt.

Ich nehme mir den schmalen Band *Monsieur Heureux* für den Tag mit: die französische Version meiner liebsten Kinderbuchserie *Mr. Men* von Roger Hargreaves. Für dicke Schinken habe ich neben meiner Jause keinen Platz im Fahrradkorb.

Ich drehe eine Runde durch den Park, um mir wieder einmal seiner immensen Weite bewusst zu werden. Die Ursprünge dieser Grünoase gehen auf einen Alleenpark aus dem späten 17. Jahrhundert zurück. Wirklich Form angenommen hat der Park aber erst, als zwischen 1804 und 1807 das Gebäude der Orangerie nach den Plänen des Architekten Valentin Boudhors errichtet wurde. Es sollte die Orangenbäume des Grafen Johann Reinhard III. von Hanau-Lichtenberg beherbergen.

Zunächst begegne ich niemandem. Zumindest keinem Menschen. Dafür aber einem Storch, der hier auf dem Pfad spazieren geht. Er scheint nicht gewillt, nach links oder rechts auszuweichen. Also steige ich ab und schiebe mein Rad an ihm vorbei. Obwohl ich nur wenige Zentimeter von ihm entfernt bin, zuckt er nicht einmal mit dem Schnabel. Die Störche haben sich längst daran gewöhnt, ihr Zuhause mit den Parkbesuchern zu teilen.

Beim Weiher angelangt, wird es lauter, bunter: Teenager versuchen sich am Rudern, Touristen lesen laut aus Reiseführern vor. Ich höre, dass die Orangerie eigentlich den Namen *Pavillon Joséphine* trägt. Im Gedenken an Kaiserin Joséphine de Beauharnais, die Straßburg häufig besuchte.

Im Gastgarten des Restaurants *Buerehiesel* sitzen Männer in Anzügen und Frauen in Sommerkleidern. Viele von ihnen werden vom nahe gelegenen EU-Parlament und vom Europarat herüberspaziert sein. Auf jedem Tisch stehen Weißwein, Wasser und außergewöhnliche Gerichte: Das Business-Menü des Sternelokals besteht heute aus Risotto mit Schnecken, Kabeljau auf gratiniertem Lauch, Soufflé mit exotischen Früchten, dazu Kokoseis. Die schlemmenden Gäste scheinen keinen Gedanken daran zu verschwenden, dass sie in einer Art Freilichtmuseum speisen. Das Fachwerkhaus stand fast 300 Jahre in Molsheim, bevor es 1895 anlässlich einer Industrie- und Gewerbeausstellung Balken für Balken ab- und in diesem Park wieder aufgebaut wurde.

Zwischen dem Fachwerkhaus-cum-Restaurant und dem Pavillon wird die Figur „Gänseliesel" allzu oft übersehen. Sie ist eine Skulptur des Straßburger Bildhauers Albert Schultz (1871–1953) und wurde ursprünglich geschaffen, um den Markt beim Alten Zollhaus zu zieren. Die Installation *Le puits voleur* des Künstlers und Naturwissenschaftlers Patrick Bailly-Maître-Grand ein paar Schritte entfernt fügt sich weniger harmonisch in die Umgebung ein. Vier eckige Pfeiler, die eine Kuppel tragen. Auf der Innenseite sind 500 Sterne. Offen gestanden sagt mir der zehnsäulige Liebestempel auf „meiner" hinteren Seite des Parks eher zu. Ich fahre zurück und setze mich in seinen Schatten ans Wasser und koste, ob meine Heidelbeeren die holprige Reise überstanden haben.

Literatur im Park: der Kiosque à Livres

Zwerge und Kunst in der Schrebergartenidylle

Wolken ziehen am Horizont auf und meine Fahrradtour ins Grüne beginnt erst. Ich muss weiter. Ich fahre die östliche Parkseite entlang, vorbei an Fitnessparcours und Tischtennistischen, bis ich den Rhein-Marne-Kanal erreiche, eine Wasserstraße, die Mitte des 19. Jahrhunderts angelegt wurde, um Straßburg mit den restlichen Teilen Frankreichs zu verbinden.

Auf der anderen Seite der Brücke angelangt, scheint es, als hätte ich eine magische Grenze überschritten und wäre in einer anderen Welt gelandet. Hausboote ruhen friedlich am Fluss. Eines steht zum Verkauf und ich bin versucht, mir die Telefonnummer aufzuschreiben. Ein Traktor rumpelt an mir vorbei, der Fahrer hupt und fuchtelt mit den Händen. Abgelenkt von Wasser und Wiesen, habe ich den Radweg vergessen und fahre auf der Straße.

Auf der linken Straßenseite taucht ein riesiges Gewächshaus auf, dahinter ein typisches Fachwerkhaus. Die bunten Geranien an der Mauer lenken davon ab, dass der Bauernhof schon etwas heruntergekommen ist. Heute sind Kleinbauern hier selten geworden, dabei war die Robertsau einst der „Lebensmittelspeicher der Stadt". Fischer und Gemüsebauern waren die ursprünglichen Bewohner dieses wasserreichen

Robertsau: der Lebensmittelspeicher der Stadt

Gebiets, das von der Ill, dem Rhein-Marne-Kanal und dem Rhein umgeben ist. Zum Düngen verwendeten die Landwirte die Pferdeäpfel aus den vielen umliegenden Kasernen.

Ich möchte die Idylle festhalten. Ich knipse ein Foto, und aus dem Nichts erscheint ein bellender Hund, gefolgt von einer Frau im Blaumann. Vermutlich glaubt sie, dass ich etwas kaufen möchte. Am Tor hängt ein großes Schild: *Fruits et Légumes*.

Ich deute auf mein voll bepacktes Fahrrad und sage, dass ich ein andermal wiederkehren möchte. Ob sie auch im Herbst offen haben wird?

„Wir verkaufen immer. Je nachdem, was gerade Saison hat", sagt sie und fokussiert meine Kamera. „Normalerweise kommen keine Touristen in diese Gegend."

„Nicht einmal wegen der ‚Hommage an Lydia'?", frage ich. *„Qui?"* Wer? *„Quoi?"* Was?

Ich erzähle vom Schrebergartenhäuschen aus Bronze (und in Echtgröße), das ganz in der Nähe liegt. Sie schüttelt den Kopf.

Zu Beginn des 20. Jahrhunderts wurden viele Felder in der Robertsau in Anlagen für Straßburgs Hobbygärtner umgewandelt. Über 900 Schrebergärten gibt es in der Gegend, die meisten entlang der Rue de la Fourmi gelegen. Ich radle an einer Pferdekoppel und einem Tennisclub vorbei, bis die ersten Kleingärten beginnen. Blumen ranken sich um die Zäune, saftige Tomaten hängen an Stauden, zwischen Zucchiniblüten und Karottengrün grinst ein Gartenzwerg hervor.

Bei Garten Nr. 836 biege ich nach links ab. Ein paar Meter weiter erreiche ich die leere Parzelle, in deren Mitte das Kunstwerk steht. Mit seiner Bronzekatze auf dem Giebel und dem kleinen Vordach ähnelt das Häuschen selbst aus nächster Nähe einer echten Gartenhütte. Der zeitgenössische Straßburger Maler und Bildhauer Raymond Waydelich (siehe S. 77) widmete sein Werk der Straßburger Näherin Lydia Jacob, die im frühen 20. Jahrhundert in Straßburg lebte und deren Tagebuch er zufällig auf einem Dachboden gefunden hatte. Dieses Werk ist Teil der „Straße der zeitgenössischen Kunst", hinter der das *Centre Européen d'Actions Artistiques Contemporaines* (CEAAC) steht. Es stellt Kunst im öffentlichen Raum auf. Etwa vierzig Werke stehen über das Elsass verteilt unter freiem Himmel.

Auf dem kleinen Tisch unter dem Vordach deuten zwei verdorrte Marillenkerne darauf hin, dass ich nicht die erste Rastende hier bin. Aber die erste seit einer Weile.

Ein perfekter Ort, um meine erste Brezel zu essen.

Schrebergartenparadies entlang der Rue de la Fourmi

Highland-Rinder hinter dem Schlosspark

Nach meiner Pause fahre ich weiter durch die Schrebergartensiedlung und entlang der Rue Himmerich, in der sich adrette Einfamilienhäuser aneinanderreihen. Kinder spielen in einer Einfahrt Tempelhüpfen. Am Ende der Straße erreiche ich die Rue Mélanie, lange für mich bloß ein schön klingender Straßenname.

Inzwischen weiß ich, dass der Name auf die Comtesse Mélanie zurückgeht, Tochter des Baron de Bussière, der Ende des 18. Jahrhunderts das „Schmuckstück" von Robertsau erbauen ließ: das *Schloss Pourtalès*. Nach dem Tod des Vaters ließ die Tochter das Schloss im Stil von Louis XV. ausbauen. Die Comtesse Mélanie und ihr Gatte, Graf von Pourtalès (aus einem Pariser Adelsgeschlecht), waren schillernde Persönlichkeiten ihrer Zeit. Zahlreiche prominente Persönlichkeiten gingen hier ein und aus, darunter Franz Liszt, Albert Schweitzer und Fürst Metternich.

Im 20. Jahrhundert hatte das Schloss eine bewegte Geschichte. Während der beiden Weltkriege wurde es von den Deutschen besetzt, nach dem Zweiten Weltkrieg war für sehr kurze Zeit eine osteuropäische Universität untergebracht. Bis zu den 70er-Jahren verfiel das Gebäude zunehmend, bevor es

Mann aus Bronze: Kunst im Jardin de Pourtalès

vom Gründer der Schiller International University gekauft wurde. Heute wird es für Tagungen genützt, im Nebengebäude ist ein Hotel untergebracht.

Ich erreiche den südlichen Eingang des Parks. Der Parkplatz ist voll, der Gastgarten des Restaurants *Le Jardin de Pourtalès* ebenso. Ich radle weiter in den Park hinein und mache eine Pause auf einer Bank mit Schlossblick.

Es ist Zeit, die Wildpferde zu suchen.

Es gibt niemanden, den ich danach fragen kann, der Park ist in der Mittagshitze fast leer. Vor mir sehe ich einen Männerrücken. Doch diesen hockenden Mann, der sich über eine Karte gebeugt hat, kann ich nicht fragen. Er ist aus Bronze. Insgesamt neun Skulpturen bilden hier im Park eine kleine Ausstellung mit der Leitfrage: „Wie treten Menschen mit der Natur in Verbindung?" (Übrigens auch eine Initiative des *Centre Européen d'Actions Artistiques Contemporaines*.)

Mein Lieblingswerk liegt im Herzen des Parks: sieben riesige Ohren. Der Künstler Claudio Parmiggiani will in seinem Werk inszenieren, wie uns die Natur belauscht. Ich halte den Atem an, um ganz still zu sein.

Auf der Wiese pfeift eine Hundebesitzerin ihren Labrador zurück, ich frage sie nach den Wildpferden.

„Es gab Pferde. Im Robertsauer Wald. Aber sie sind vor einer Weile gestorben", sagt sie und deutet hinter die Bäume. „Stattdessen gibt es seit ein paar Jahren Highland-Rinder."

Sie lotst mich zum Hinterausgang des Parks. Ich schließe mein Rad ab und spaziere in den Wald hinein. Leider haben sich auch die Highland-Rinder heute von ihrer Insel in das schattige Hinterland zurückgezogen. Die Natur allein ist aber lohnender Anblick genug.

Würde man hier die Allee weitergehen, käme man bis zum Dorf *La Wantzenau*. Ich habe heute aber nur Zeit, ein paar Meter zu spazieren – bis zur ersten Lichtung. Der Hochstand ist eigentlich dazu gedacht, Vögel zu betrachten. Ich sehe aber etwas viel Schöneres: Zwei Rehe trinken aus dem kleinen Teich. Ein Erlebnis, das man nicht von Straßburg erwartet.

Ferme de la Bussière am Rand des Parks

Mein Rückweg in die Stadt führt mich wieder durch den Park und vorbei an der *Ferme Bussière*. Auch dieses Gebäude wurde von Baron de Bussière in Auftrag gegeben. Heute ist das umweltpädagogische Zentrum *Centre d'Initiation à l'Environnement* hier untergebracht. Die Rue de Kehl geht leicht bergab, ich lasse mein Rad rollen, bis ich zur Rue Mélanie komme, die mich ins Dorf führt, das kein Dorf ist. Das Viertel Robertsau ist sogar mit der Tram an die Stadt angebunden.

Gegenüber der protestantischen Kirche belohne ich mich im *Café Henri* mit einem Eiskaffee und mache Urlaub am Land – mitten in der Stadt.

Orte zum Einkehren

Boulangerie Maulbecker
4 Boulevard Leblois, 03 88 61 79 97,
Zweite Filiale: 64 Avenue De La Forêt Noire, 03 88 61 25 64,
Mo–Fr 6–19, Sa 6–13
Ansprechende Bäckerei-Kette, die seit den 1950er-Jahren besteht. Die Filiale am Boulevard Leblois hat eine markisengeschützte Terrasse.

Markt
Boulevard de la Marne, Di und Sa 7–13
Bunter Wochenmarkt. Produzenten aus der Region bieten ihre Ware an. Neben Lebensmitteln gibt es auch Haushaltswaren.

Le Jardin Du Pourtalès
161 Rue Mélanie, 03 88 45 75 17,
Mittags: Mo–Fr 11.45–14, Sa–So 11.45–14.30,
Abends: Mo–Do und Sonntag 18.45–21, Fr–Sa 18.45–22
www.lejardindupourtales.com
Grüner Gastgarten gleich am Eingang des Schlossparks. Für einen Tisch zur Mittagszeit bitte unbedingt reservieren.

Café Henri
99 Rue Boecklin, 03 88 31 17 55, Mo 13.30–18.30, Di–Sa 8–18.30
www.cafeshenri.fr
Gemütliches Kaffeehaus im Zentrum von Robertsau. Im Sommer gibt es hier eine gute Eiskarte. In Straßburg-Umgebung gibt es noch weitere Filialen, z. B. in den Vororten Illkirch und Schiltigheim.

Mittagspause mit Storch im Parc de l'Orangerie

Orte zum Vertiefen

Strasbourg Initiation Nature Environnement
CINE de Bussièrre
155 rue Kempf, 03 88 35 89 56
Programme der laufenden Aktivitäten:
www.sinestrasbourg.org

Von Frankreich nach Deutschland: Ein Besuch in Kehl

Aus Niemandsland wird Wohnland

Colmar, Obernai, Riquewihr. Die Liste an Orten, die in Straßburg-Reiseführern als Ausflugsziele angeführt werden, ist lang. Malerische Städtchen mit Charme – aber auch viel Kitsch. Selten wird in diesen Büchern Straßburgs deutsche Nachbarstadt Kehl als Destination angeführt. Die 35.000-Einwohner-Stadt bleibt von Elsass-Touristen meist unbemerkt. Bewegt man sich in der Straßburger Innenstadt – französischen Schildern folgend, französischen Durchsagen in der Straßenbahn lauschend –, vergisst man schnell, wie nah Deutschland liegt. Dabei muss man auf dem Fahrrad nur 20 Minuten in die Pedale treten, um zum Rhein und zur Grenze zu gelangen. Mit den öffentlichen Verkehrsmitteln (Bus 2 und 21) dauert es nicht wesentlich länger. Und sobald der Ausbau der Tramlinie D abgeschlossen ist, wird Kehl sich fast wie ein Teil Straßburgs anfühlen. Ab 2017 soll die Straßenbahn fahren. Es ist keine Novität: Bereits vor 100 Jahren – vor 1918 – fuhr eine Tram zwischen den beiden Städten.

Noch hält die D-Tram an ihrer Endstation *Aristide Briand*. Ich steige aus, um in den Bus Nr. 21 umzusteigen. Es ist ein Montagnachmittag, Laub liegt auf dem Boden, ich trage zum ersten Mal seit Monaten einen Wollschal. Ich studiere den

Fahrplan, als der Bus vorfährt. Obwohl die Linie im Zehnminutentakt fährt, ist der Bus voll.

Ich stelle mich neben ein Teenagerpärchen (Turnschuhe, Schirmmütze, Geldtasche mit Silberkette) und frage mich, was sie nach Kehl zieht. Nach ein paar Fahrminuten wird meine Neugierde zu groß.

„Shopping", antwortet das Mädchen kaugummikauend.

„Prêt-à-porter", sagt er. Das Angebot, die Auswahl der Kleidung sei cooler.

„Und Zigaretten", ergänzt sie.

„Sind die Zigaretten dort billiger?" Sie nicken, die Augen weit aufgerissen. Bevor ich nachhaken kann, muss ich aussteigen.

Ich habe beschlossen, diesmal eine Station vor Kehl-Hauptbahnhof auszusteigen: Ich bin schon eine Weile nicht mehr zu Fuß über eine Rheinbrücke gegangen. Ein ergreifendes Erlebnis, nimmt man sich auf der Brücke Zeit und Muße, um innezuhalten und über die bewegte Vergangenheit zwischen Deutschland und Frankreich nachzudenken. Über Feindschaft, Hass und militärische Konfrontationen, die die Region geprägt haben. Tiefe emotionale Gräben entstanden, die nur mit viel Zeit überwunden werden konnten.

Kaum ist der Bus abgefahren – die leuchtende Ziffer 21 bewegt sich auf die graue Brücke zu – kommen in mir kleine Zweifel auf. Ich befinde mich inmitten von gleich mehreren Baustellen: Rechts wird eine Klinik errichtet, links, vor und hinter mir entstehen Luxuswohnungen. Das Niemandsland (wie es für ein Grenzgebiet oft typisch ist) wird neues Stadtgebiet. Nur die bunten Werbeplakate und die gelben Kräne sorgen für Farbkleckse in der grauen, lauten Bauwüste. Es sieht hier schon seit Monaten so aus. Ich hatte gehofft, dass es sich geändert haben könnte. Wenigstens sind seit meinem letzten Besuch zwei weitere Anlagen fertig.

Es ist nicht weit zur Brücke und der gemeinsame Fahrrad- und Fußgängerweg ist breit und geschützt. Ich gehe vorbei an

Blick vom Jardin des Deux Rives

den ersten fertig gebauten Wohnungen mit Glasfassaden und passiere die Abzweigung zum *Jardin des Deux Rives*.

Im Jahr 2004 wurde dieser deutsch-französische Park anlässlich einer grenzübergreifenden Gartenausstellung angelegt. Manche Reiseführer, die um diese Zeit oder kurz danach entstanden sind, preisen den *Jardin* als Ausflugsziel an. Wer den gleichen Fehler macht wie ich beim ersten Mal und *nur* wegen des Parks hierhinfährt, wird eher enttäuscht sein. Die Euphorie, dieses Niemandsland in einen blühenden europäischen Garten zu verwandeln, hat wohl im Laufe der Jahre nachgelassen. Dennoch: Wer Zeit und schönes Wetter mitgebracht hat, kann vorbei an der Zirkusschule und den Reitställen zu den verlassenen Stationen des Gartens spazieren. Im Sommer steht am Wasser ein kleiner Gastronomiebetrieb: Das Spiegelzelt *La Guinguette*, hier werden Snacks, deutsche Weißweinschorle und Tanzstunden angeboten. Bei meinem letzten Besuch hier wurde zwischen Deutschland und Frankreich argentinischer Tango getanzt.

Die Europabrücke.
Mein Spagat zwischen zwei Kulturen

Heute wähle ich den direkten Weg, über die – auch von Autos befahrene – *Pont de l'Europe*, die Europabrücke. Je näher ich ihr komme, desto schwieriger wird es, mir die ursprüngliche Brücke vorzustellen: Im 19. Jahrhundert, als der Rhein noch nicht begradigt und damit noch viel breiter war, erstreckte sich hier eine Holzbrücke über fast 1400 Meter. Das Wasser floss damals noch um kleine Rheininseln. Eine davon ging in die Geschichte ein – wegen der Hochzeit von Marie Antoinette mit Louis XVI. im Jahr 1770. Da man unschlüssig war, ob die feierliche „Übergabe" der Maria Antonia, Erzherzogin von Österreich, auf deutschem oder französischem Ufer stattfinden sollte, verlegte man die Zeremonie auf eine neutrale Insel im Rhein. Maria Antonia verließ den Holzpavillon, der eigens für die Übergabe gebaut worden war, als französische Dauphine Marie Antoinette. Eine Szene, die Stefan Zweig in seiner Roman-Biografie *Marie Antoinette* ausführlich schildert.

Die heutige Europabrücke und auch die benachbarte Eisenbahnbrücke haben schon einige „Vorgänger" gehabt, die unter den zerrütteten Beziehungen zwischen Deutschland und Frankreich gelitten haben. 1870 wurden beide Brücken zerstört, danach noch einmal im Zweiten Weltkrieg. Blickt man genau hin, kann man zwischen der heutigen Eisenbahnbrücke und der Europabrücke den Grundstein der ersten Eisenbahnbrücke aus dem Jahr 1861 sehen.

Ich betrete die „neue", inzwischen schon wieder veraltete Brücke. In gewisser Weise spiegelt sie den derzeitigen Zustand der Europäischen Union wider. Die Originalkonstruktion aus der Mitte des 20. Jahrhunderts ist stabil, doch ist der Straßenbelag abgefahren, der Gehsteig wurde alle paar Meter notdürftig und allzu schnell ausgebessert. Sie bräuchte jemanden, der sich ihrer annimmt, ihr einen Modernisierungsschub verpasst.

Ein Kleinbus braust vorbei und die Brücke wackelt. Ich suche Halt am Geländer, mein Blick fällt auf metallene Tafeln, die alle paar Meter aufgestellt sind. Sie zeugen davon, dass man schon einmal versucht hat, in dieser Gegend den europäischen Gedanken zu unterstreichen: Rund um die Jahrtausendwende hingen hier literarische Texte – jeder in einer anderen europäischen Sprache. Sie sind verschwunden.

Die Blicke der Passanten schweifen heute ohnehin gegen Süden ab auf eine weiße, modernere und viel ansehnlichere Brücke: Die 387 Meter lange *Passerelle des Deux Rives* wurde auch im Zuge der Gartenschau von 2004 gebaut. Die Konstruktion aus zwei getrennten Stegen – einer für Fußgänger, einer für Radfahrer –, die in der Mitte zu einer 100 Quadratmeter großen Plattform zusammenkommen, ist ein Einfall des Pariser Architekten Marc Mimram. Auf mich wirkt diese filigrane Brücke immer wie eine Art Krone für den Rhein, um die symbolische, aber auch geografische Bedeutung zu unterstreichen. Zum beliebten Fotomotiv wurde die Brücke im Jahr 2009, als US-Präsident Barack Obama zum *NATO*-Gipfel nach Kehl kam. Seine Rheinüberquerung wurde für die Nachwelt dokumentiert: Auf *YouTube* gibt es viele Videos.

Die „neue" Brücke: Passerelle des Deux Rives

Neben mir ziehen Radfahrer vorbei. Die meisten mit Kopfhörern im Ohr. Zwei Frauen fahren im Schritttempo und tratschen über das Mittagessen. Niemand scheint in der Alltagshektik einen Gedanken daran zu verschwenden, wie es früher gewesen sein muss. Als sich etwa nach dem Ersten Weltkrieg die rund 40.000 in Straßburg lebenden Deutschen an der Kehler Brücke versammeln mussten und – unter lauten Verspottungsrufen – von den Franzosen ausgewiesen wurden. Oder als 1933 nach dem Wahlsieg Hitlers zahlreiche Deutsche über den Rhein nach Frankreich flohen, darunter auch Sigmund Freud, Thomas und Heinrich Mann (siehe S. 192). Im Alltag achtet man auf Ampeln und auf überholende Autos, anstatt an die schwarze Liste zu denken, die hier von den Nazis aufgestellt wurde. Sie warnte die „Verräter", jene Elsässer, die den Fliehenden halfen, davor, sich auf deutschen Boden zu wagen.

Vor dem Kehler Ufer halte ich noch einmal kurz inne, blicke hinunter auf das graubraune Wasser. Victor Hugo hatte recht, als er im 19. Jahrhundert seine Rheinüberquerung beschrieb. *„Der Rhein, mein Freund, ist ein edler Fluß, herrschaftlich, republikanisch, reichsbildend, würdig zugleich französisch und deutsch zu sein. Die ganze Geschichte Europas ist in seinen zwei Erscheinungsformen vertreten, in diesem Fluß der Krieger und Denker, in diesen prachtvollen Wellen, die in Frankreich aufprallen, in diesem tiefen Murmeln, welches Deutschland träumen lässt."*

Ein weißer Van fährt auf die *Passerelle* mit orange blinkendem Licht. Kurz darauf springen Funken, Handwerker sind am Werk. Ich frage mich, ob es eine französische oder eine deutsche Firma ist. Meinem Bauchgefühl nach würde ich auf die Deutschen tippen. Sind sie doch diejenigen, die für Ordnung, Pünktlichkeit, Pflichtbewusstsein stehen. Die kulturellen Unterschiede zwischen Deutschland und Frankreich werden hier oben deutlich: Während die französische Seite des Parks fleckiges Gras und ausgetretene Weg hat, strahlt die deutsche Seite Korrektheit aus: gestutzte Bäume, ebener Asphalt. Ein Rasenmäher-Traktor zieht hier seine Kreise. Ich habe den deutschen Park noch nie ohne Rasenmäher erlebt.

Die deutsche Seite des „Zwei-Ufer-Gartens" ist deutlich leichter zugängig. (Auf der französischen Seiten mag sich dies ändern, wenn aus dem Niemandsland ein Straßburger Wohnviertel geworden ist.) Ich verlasse die Brücke und folge einem Herrn mit Hund entlang des Ufers, bis ich zu einer Bronzestatue komme, die den Namen „Begegnung" trägt. Zwei männliche, starke Figuren, die sich an den Schultern halten und dabei aussehen, als seien sie unsicher, ob sie miteinander ringen oder sich umarmen wollen. Der Sockel ist dreigeteilt. Er soll die drei Länder am Oberrhein – Frankreich, Deutschland, Schweiz – symbolisieren. Dieses Kunstwerk ist eine Station auf dem *Grenzüberschreitenden Versöhnungsweg*, eine Initiative der ökumenischen, grenzüberschreitenden Arbeitsgruppe der Straßburger und Kehler Kirchen. (Die Broschüre gibt es im Kehler Touristenbüro.) Das Brummen des Rasenmähers wird lauter, der Mann mit großen Ohrenschützern fährt in Zickzacklinien um mich herum. Ich ziehe mich zurück in Richtung Brücke und Stadtgebiet.

Le pont und die Brücke, die männliche und die weibliche Brücke, die Europa an der Stelle zusammenschnürt, wo es Schmerzen hatte. Wunden heilen langsam, doch der Fluss ist geduldig. Er konnte warten; bis der männliche und der weibliche Krieg, bis der Krieg und la guerre vorbei waren, um wieder er selbst zu werden, Wasser, das durch eine Landschaft fließt, auf beiden Seiten Menschen mit ihren Wörtern. Wörter, die anders klingen und dasselbe sagen wollen.

Cees Nooteboom.
Aus der Broschüre „Grenzüberschreitender Versöhnungsweg"

Das Bahnhofsviertel: Keine Spur von der Kehler Zitadelle

Bahnhöfe mittelgroßer Städte sind selten eine Schönheit. Kehl hat das Pech, dass der Bahnhof linker Hand das Erste ist, was Besucher, die vom Rhein aus kommen, sehen.

Bahnhofsbeisl, Trafik, Sonnenstudio, Chinarestaurant. Je näher ich komme, desto schäbiger wird der Eindruck des Baus aus den 1960er-Jahren. Ein paar Männer stehen um den Tresen, Hochprozentiges steht auf der Bar. Sie starren mich verwundert an, als ich meine Kamera auspacke und die Wand in der Wartehalle fotografiere. Ob sie die Plaketten, die an Sigmund Freud und Heinrich Mann erinnern, schon einmal bemerkt haben?

Über meinem Kopf fährt ein Zug ein, unterbricht meine Gedanken. Ich versuche mir auszumalen, wie es hier vor Jahrhunderten ausgesehen haben muss – als an dieser Stelle die *Veste Kehl* stand. Diese Festung wurde zwischen 1680 und 1688 vom französischen Militärbaumeister Vauban errichtet, der auch eine ähnliche Zitadelle in Straßburg baute. (Die Reste liegen im *Parc de la Citadelle* im Esplanade-Viertel.)

Eine Horde Schulkinder trampelt die Treppen vom Gleis hinunter in den Eingangsbereich des Bahnhofs. Ich fliehe vor dem Geschnatter und Gekicher ins Nebengebäude. Zwischen

Die wenigsten bemerken die Erinnerungstafeln an Freud und Mann.

Brücke und Bahnhof befindet sich das Zentrum für Europäischen Verbraucherschutz. Ich habe einen Termin mit zwei Mitarbeitern, Peter Koop und André Schulze-Wethmar. In einem Grenzgebiet gelegen, bekommen sie täglich zu spüren, wie wichtig die grenzüberschreitenden Rechte der Konsumenten sind. Günstige Handytarife für das Telefonieren im Ausland, gedeckelte Roaming-Gebühren und Kosten für das Geldabheben im Ausland bekommen plötzlich mehr Gewicht. Ebenso die Regelung der Gewährleistung auf Produkte, die man in einem anderen Land – auf der anderen Seite des Rheins zum Beispiel – gekauft hat. Das Institut gibt auch immer wieder Studien zu Preisvergleichen in Europa heraus. Peter und André wissen daher genau, warum die Straßburger nach Kehl kommen. „Die Bekleidungsketten haben europaweit oft einheitliche Preise", sagt André. „Wirklich billiger sind die Zigaretten und der Frisörbesuch. Viele Franzosen kommen wegen der Spielcasinos, die hier andere Gesetze haben. Und von Jugendlichen habe ich gehört, dass die Produkte von Fast-Food-Restaurants billiger sind."

„Viele Straßburger kommen auch wegen der Drogeriemärkte", setzt Peter nach.

Ich nicke. Ich habe schon oft französische und belgische Bekannte von Ketten wie *dm* und *Müller* schwärmen hören.

„Wenn es um größere Ausgaben geht, etwa um Autos oder Mietpreise, gibt es auch Unterschiede", sagt Peter. Neuwagen sind in Frankreich tendenziell billiger, Gebrauchtwagen in Deutschland. Erwartungsgemäß sind die Mieten in Kehl günstiger als in Straßburg. Dafür ist aber die Einkommensteuer in Frankreich wesentlich niedriger als in Deutschland. André wohnt auf der deutschen, Peter auf der französischen Seite. Wer in einem Grenzgebiet lebt, muss sich genau durchrechnen, was wirklich billiger kommt. Es gibt gewisse steuerliche Regelungen und Vergünstigungen. Im Alltag bekommt Peter, der Kehl-Straßburger, die heutige, alltäglich gewordene deutsch-französische Freundschaft mit. Bei der Fußball-WM 2014 haben sich seine französischen Nachbarn sogar mit ihm über den deutschen WM-Titel gefreut.

„Und warum fahren die Deutschen nach Straßburg?", frage ich.

Es gibt viele Gründe. Die Männer beginnen aufzuzählen. Zum Ausgehen am Wochenende fährt man in die Großstadt. Oder für den Ausverkauf, der in Frankreich an einem gesetzlich festgelegten Tag beginnt. Darüber hinaus gibt es auch den Tanktourismus: In Frankreich ist das Benzin um ein paar Cent billiger. Auch bei Medikamenten können die Deutschen „drüben" sparen.

Die Hauptstraße: Wo die Elsässer Schnäppchen jagen

Ich verabschiede mich, um in die Innenstadt zu spazieren. Der Beginn der Hauptstraße ist nicht weniger grell und schreiend als der Bahnhof: ein Sexshop, eine Kneipe, viele Tabak-Geschäfte. In den Fenstern hängen Werbungen für Zigaretten in Großpackungen. Als Nichtraucherin ist es mir egal, ob 30 Marlboro-Zigaretten 7 oder 70 Euro kosten.

Tabakwerbungen wohin das Auge reicht

Ein paar Meter weiter beginnt die Fußgängerzone, die Stadt strahlt mehr Charme aus – typisch deutsches Kleinstadtflair. Beim Bäcker gibt es Bratapfelschnitten und Käse-Sahne-Kuchen, in der Papierwarenhandlung *Lamy*-Füller und Schülerkalender. Linker Hand komme ich bei einem Gebäude vorbei, das keine Auslage hat. Das *Weinbrennerhaus* aus dem Jahr 1816 gilt als das älteste Haus in der Innenstadt. In den vergangenen 300 Jahren wurde Kehl in den vielen Kriegen immer wieder zerstört.

Ich kaufe mir ein Mehrkornbrötchen in der Bäckerei. Die Verkäuferin gibt mir Ein-Cent-Münzen zurück und ich schmunzle kurz, weil ich einen Augenblick lang erwartet hatte, Pfennig-Münzen zu bekommen: In der Fußgängerzone steht ein übergroßer, sich drehender Stein-Pfennig, der an die einstige deutsche Währung erinnert.

Normalerweise steuere ich bei meinen Kehlbesuchen einen sonnigen Fleck auf dem Marktplatz an, am Ende der Hauptstraße. Manchmal kaufe ich auf dem Markt ein. Heute ist kein Markttag (weder ein Dienstag noch ein Freitag) und die Sonne liegt hinter dichten Wolken versteckt. Also steuere ich den Drogeriemarkt an, Peter und André haben mein Interesse geweckt.

Schon beim Betreten des Geschäfts höre ich die Kassiererin nach Verstärkung – „Zweite Kasse bitte!" – rufen.

Ich möchte nur eine kleine Flasche Wasser und stehe dafür sieben Minuten an. Während ich sie auf das Band lege, habe ich das Gefühl, schief angeschaut zu werden. Ich bin heute Nachmittag die einzige, die keinen vollen Korb hat. Vor mir stapelt eine Jungmutter Apfelmus, Grießbrei, Hirsebällchen und viele, viele Gläser Babynahrung auf das Band. Plötzlich hält die Verkäuferin inne, zieht die vorletzte Packung Trockenbrei nicht über den Scanner.

„Es tut mir leid, wir dürfen nur drei Packungen pro Person verkaufen", sagt sie. Die Mutter blickt verwirrt drein. Die Verkäuferin wiederholt ihre Information auf Französisch.

„*Pourquoi?*", fragt die Mutter. Wieso?

Die Firma habe Lieferschwierigkeiten, sagt die Drogerie-Mitarbeiterin. Es könnte aber auch eine Strategie sein, Hamsterkäufe der französischen Nachbarn einzudämmen. Auf Französisch erklärt die deutsche Kassiererin, dass die Kundin gerne in den zwei weiteren Drogeriemärkten, die nur wenige Meter entfernt sind, ihr Glück versuchen kann. Es ist einer der wenigen französischen Sätze, die sich die junge Mitarbeiterin angeeignet hat. Zweisprachigkeit ist trotz Grenzregion keine Alltäglichkeit, weder auf der französischen noch auf der deutschen Seite. In den höheren Bildungsschichten beherrschen die Jungen aber oft die jeweilige Fremdsprache, ist es doch auf dem Arbeitsmarkt von Vorteil.

Nachdem ich endlich bezahlt habe, trinke ich vor der Kirche mein Wasser. Die *Friedenskirche* ist ein unauffälliger, schlichter, roter Bau. Niemand würde vermuten, dass sie auf eine „Notkirche" zurückgeht: Früher hatten sowohl die Protestanten als auch die Katholiken ihre Kirchen in der Festung. Diese wurden 1793 zerstört. Eine Notkirche musste her – und als diese baufällig wurde, verlangten beide Konfessionsgruppen eine eigene Kirche. Zunächst aber wurde nur eine gemeinsame Simultankirche von der Regierung genehmigt. Erst im Juni 1914 zog die katholische Gemeinschaft in die *Pfarrkirche St. Johannes Nepomuk* um.

Gegenüber der Kirche ist das Touristenbüro in einem kleinen Pavillon untergebracht.

Ich habe es noch nie voll erlebt. Auch heute liegen die Prospekte sorgfältig geordnet und unberührt nebeneinander. Die Mitarbeiterin ist sofort zur Stelle.

„Waren Sie schon am *Altrhein*? Beim *Weißtannenturm*?", fragt sie.

Im Sommer bin ich bei 33 Grad und klarer Sicht die 210 Treppen hinaufgestiegen, die sich um drei riesige Tannenbaumstämme winden. Von der obersten Plattform auf 44 Metern

Weitblick vom Weißtannenturm

Höhe konnte ich bis zum Schwarzwald und zu den Vogesen sehen – und hatte natürlich einen tollen Blick auf Straßburg und das Münster. Der Weißtannenturm liegt 15 Spazierminuten südlich der Stadt, der Weg führt an den Wohnhäusern am Altrhein entlang. Heute ist es mir zu frisch und trüb, mir reicht ein kleiner Spaziergang hinunter zum Rosengarten, zwei Parallelstraßen vom Markt entfernt. Hier steht ein Pionierdenkmal, das 1931 eingeweiht wurde. Es war das einzige Kehler Denkmal, das von der Gemeinde nicht zur Metallspende für Kriegszwecke im Zweiten Weltkrieg angemeldet wurde.

Zurück an der Bushaltestelle steige ich in den 21er-Bus. Ein französischer Kontrolleur prüft meine 24-Stunden-Karte. (Die Fahrt von Straßburg nach Kehl ist inbegriffen.) Eine der alten Französinnen von meiner Hinreise fährt mit mir zurück: Aus ihrem zuvor leeren Einkaufstrolley ragen nun drei Rollen Geschenkpapier. Vielleicht waren sie hier in Deutschland billiger. Oder deutsches Geschenkpapier gefällt ihr einfach besser.

Friedenskirche Kehl: früher Kirche beider Konfessionsgruppen

Orte zum Einkehren

Landbäckerei Zimmerer
Hauptstraße 8, Kehl, Mo–Sa 5.30–18, So 6–12
Tel.: 07851 48 03 78
www.mayers-oberkirch.de

Restaurant Milchkutsch
Hauptstraße 147A, Kehl, Mo–Fr mittags und abends,
Samstagabend: Telefonisch nachfragen
07851 76161
www.milchkutsch-kehl.de

Grieshaber's Rebstock Wirtshaus
Hauptstraße 183, Kehl, Di–Sa ab 17
07851 91040
www.rebstock-kehl.de

Orte zum Vertiefen

Tourist-Information
Hauptstraße 63, Kehl, 07851 88 1555,
unterschiedliche Öffnungszeiten im Sommer und Winter
www.kehl.de

Stadtbibliothek Kehl
Marktstraße 9, Kehl, Di und Fr 10–12 sowie 12.30–18,
Mi und Do 12.30–18, 1. Sa im Monat 10–13
07851 88 12 88
www.mediathek.kehl.de